광주의
시인들

지은이_이동순(李東順, Lee, Dong-Soon)_ 조선대학교 자유전공학부 조교수. 가사문학의 산실인 전남 담양군 남면에서 태어나고 자랐으며, 전남대학교에서 「조태일 시 연구」로 박사학위를 받았다. 저서로 『움직이는 시와 상상력』, 『광주전남의 숨은 작가들』, 『광주문학 100년』이 있으며, 편저로 『조태일 전집』, 『박흡 문학 전집』, 『목일신 전집』, 『목일신 동요곡집』, 『정태병 전집』, 『조종현 전집』이 있다.

광주의 시인들

초판인쇄 2017년 12월 20일 **초판발행** 2017년 12월 30일
지은이 이동순 **펴낸이** 박성모 **펴낸곳** 소명출판 **출판등록** 제13-522호
주소 서울시 서초구 서초중앙로6길 15, 1층
전화 02-585-7840 **팩스** 02-585-7848 **전자우편** somyungbooks@daum.net **홈페이지** www.somyong.co.kr

값 16,000원
ISBN 979-11-5905-251-4 93810

이 책은 2017년 조선대학교 특별과제지원에 의해 출판되었습니다.

광주의 시인들

POETS OF GWANGJU

이동순 지음

소명출판

책머리에_ **별들을 그리며, 별빛을 좇으며**

우리문학사에는 수많은 작가들이 밤하늘의 별처럼 빛나고 있다. 별들은 빛의 크기가 크거나 작거나 보이거나 보이지 않거나 자기 자리에서 반짝이고 있다. 그 많은 별들 중에 큰 별을 중심으로 문학사가 기술되더라도 작거나 잘 보이지 않은 별들은 슬퍼하지 않는다. 다만 자기 자리에서 자기의 빛을 발산하는 것에 만족할 뿐이다. 그렇다고 우리가 그 별들을 기억하지 않아도 되는 것은 아니다. 우리는 그 별들을 기억하고 바라보며 빛날 수 있도록 읊조리는 것을 멈추지는 말아야 한다. 그것이 우리에게 주어진 소명이기 때문이다.

광주를 시인의 고장이라고 한다. 그런 한편으로 광주는 별의 크기가 크든 작든 기억하고 호명하는 것에는 게으른 곳이다. 그래서 여기에 별빛의 크기와 상관없이 광주의 시인들을 호명해 보기로 했다. 그동안 공부하면서 들여다보았던 시인들이다. 여기에 묶은 글들은 모두 학술지나 문예지에 발표했던 논문이거나 평론이다. 서툰 공부로 썼던 글에서부터 공부를 조금 더한 뒤의 글까지 광주의 시인들을 호명하여 내 공부의 민낯을 그대로 옮겼다. 작가론만 모아 엮으려 했으나 광주의 시인들만 한 자리에서 모으려다 보니 작가론이 아닌 다른 글도 넣게 되었다.

여기에는 광주의 시인 8명의 별빛을 담았다. 그들의 삶과 작품을 들여다보면서 빛의 크기에 상관없이 별빛을 쫓았다. 첫 번째로 근현대 광주의 첫 시인 김태오는 광주의 민족운동 핵심에 있었던 아동문학가로 시인으로 학자로 스펙트럼이 넓었던 문학적 생애를 정리하였다. 두 번째는 다형 김현승의 작품 세계를 고구했다. 평양에서 태어나 광주에서 성장기를 보낸 그는 기독교적 세계관을 바탕으로 특별한 시 세계를 조명해 본 글이다. 세 번째는 『시인부락』 동인이었던 오화룡을 시문학사에 처음으로 호명하면서 문학적 생애를 추적하여 정리했다. 함경도 경성 출신으로 월남하여 50년대 광주에 정착하여 꾸준히 시를 썼던 시인이었음을 밝혔다. 네 번째는 장성에서 태어나 광주에서 교사이자 시인으로 활동하였던 박흡의 문학적 생애와 작품 세계를 고찰했다. 그는 이리농림학교 독서회장으로서 비밀결사한 혐의로 퇴학한 후 숙명여전의 강사로 시인의 길과 시에 나타난 죽음의식을 들여다보았다.

다섯 번째는 광주에서 태어나 광주고보와 서중에서 야구선수로, 감독으로 활약하였고 화가이기도 했던 김악의 삶과 작품 세계를 조명했다. 역사와 시대, 그리고 전라도를 온몸으로 안고 살았던 만큼 시 세계 또한 삶과 분리되지 않았음을 확인할 수 있다. 여섯 번째는 이성부의 문학적 생애를 중심으로 작품 세계를 살폈다. 그는 시대를 온몸으로 전라도를 살았고 시에 담았음을 확인할 수 있다. 일곱 번째로는 전남 곡성에서 태어나 광주에서 성장한 시인 조태일의 작품을 문학적 생애와 연관하여 '시어'를 중심으로 시 세계를 살폈다. 마지막으로 손광은의 문학적 활동을 중심으로 작품 세계를 살펴보았다. 여기에 묶은 시인들이 갖고 있는 저마다의 별빛을 만나면서 앞으로 더 진전된 논의가 있기를 바란다. 그것을 통해 빛의 크기가 더 커질 수 있다고 믿는다. 호명한 시인들은 광주를 시인의 고장으로 만든 빛나는 별들의 일부다. 앞으로도 빛의 크기와 상관없이 별빛을 좇는 것을 멈추지 않으리라.

늦은 가을, 연구실에서

이동순

차례

시인 김태오의 민족운동 양상과 생애

1. 서론

일제 치하에서 아동문학이 전성기를 구가하였던 것은 식민대항담론의 주체로 어린이를 부상시킨 전략의 결과였다. 그것은 어린이 전문잡지의 홍수시대를 견인하였다. 어린이 전문잡지의 등장은 어린 독자들이 적극적으로 작품을 투고하는 요인이 되었고 그 투고자들이 전문 작가로 성장하는 특별한 사건이 되었다. 이원수, 윤석중, 목일신, 최순애 등이 대표적이다. 이런 아동문단의 흐름은 1920년대와 30년대의 동요운동으로 이어져 민족운동의 성격을 띠게 되었다. 그 과정을 거치는 동안 어린이들은 성장하여 소년이 되었고, 소년들은 소년운동의 주체가 되었다. 그것의 전범을 보여주는 한 사람이 시인 김태오다.

호가 설강(雪崗)[1]인 김태오(1903~ 1976)는 전남 광주군 광주면 금계리 124번지에서 태어나 광주숭일학교를 졸업하고 일본으로 건너가 니혼대학 법문학부를 졸업하였다. 그는 광주기독교소년회와 광주기독교청년회, 광주청년연맹, 광주소년척후대, 신간회 광주지회에서 활동하였다. 그가 가장 중심에 두고 전개하였던 민족운동은 소년운동이었다. 그는 민족운동의 연장선으로 동요를 쓰면서 동요창작법을 연구 정착시켜 나갔다. 특히 광주의 김태오는 소년운동에서뿐만 아니라 동요운동에서도 빼놓을 수 없는 인물이다. 그는 소년운동가로서뿐만 아니라 동요이론가이자 동요작가로서 동요이론 정립에 힘썼다. 또한 「동요 잡고 단상」[2]을 비롯한 수편의 글을 통해 동요의 장르개념과 동요창작법 등을 자세하게 기술하였다.

> 동요란 것은 예술적 냄새가 풍부한 어린이들 노래이니, 마치 종달새가 맑아케 개인 푸른 하늘을 볼 때 노래 부르지 않고는 견댈 수 없는 것과 같이, 제절로 터저나와서 부르는 어린이들 시(詩)를 동요라고 한다. 영원히 없어지지 않는 아동성이 잇고, 가장 숭고한 예술적 가치가 있는 것은 물론이오, 어운(語韻)까지 음악적이어야 하며, 따라서 동요 유희로 할 수 있는 것이어야 할 것이다.[3]

그는 동요 창작법으로 "느낌(感興)이 생기고 사랑스러운 맘(愛着)이

1 김태오의 호는 설강(雪崗), '정영(靜影)', '눈뫼'를 썼다. '설강'은 『설강 동요집』(한성도서주식회사, 1933), '정영(靜影)'은 시집 『草原』(청색지사, 1939)의 표지에 '靜影詩集'이라고 표기했으며, '눈뫼'는 동화 「쥐들의회의」(『사해공론』, 1936.1)에서 사용하였다.

2 『동아일보』, 1929.7.1~1929.7.4.

3 『아이생활』, 1932.7~1932.10.

생기고 노래 쓸 맘이 생기는" "예술감"이 있어야 하며, "한번 놓치면 붓잡기가 어려운" "상상(想像)의 시상(詩想)"[4]이 있어야 한다고 주장하였다. 그의 동요창작이론은 동요를 쓰면서 깨우친 것이었다. 그는 "까맣게 잊어버렸던 아동적 생각이 은근히 가슴 속에 떠돌"[5]아 마음의 평화를 가져다주는 동요를 "소년문학 건설의 기초"로 인식하고 있었다. 그는 소년운동을 비롯한 민족운동을 하면서도 꾸준히 동요와 시를 써서 발표하였다. 소년운동과 민족운동, 그리고 창작활동은 따로 논의할 수 없는 한 차원의 활동들이었다. 그리고 정지용, 윤극영, 한정동, 신재항, 고장환, 유도순 등과 함께 '조선동요연구협회'를 창립[6]하여 동요운동을 전개하였다. 그 결과 작품집 『설강 동요집』[7]과 시집 『초원』[8]을 남겼다. 널리 알려진 동요 〈강아지〉와 〈봄맞이 노래〉, 가곡으로 〈달밤〉은 모두 그의 작품이다. 그는 일본 유학을 마치고 서울 중앙보육학교 교원을 시작으로 하여 나중에는 임영신과 함께 중앙여자전문학교(현 중앙대학교)를 공동 설립하여 부총장을 역임하기도 하였다. 또한 학자로서의 삶에 충실하여 다수의 저서를 남겼다. 『미학개론』,[9] 『교육학개론』,[10] 『심리학』[11]이 대표적이다.[12]

---

4 김태오, 「現代 童謠 硏究」, 『아이생활』, 1932.10.
5 김태오, 「童謠 雜考 斷想」, 『동아일보』, 1929.7.1.
6 『동아일보』, 1927.9.3.
7 김태오, 『설강 동요집』, 한성도서주식회사, 1933.
8 김태오, 『초원』, 청색지사, 1939.
9 김태오, 『미학개론』, 정음사, 1949. 김태오의 『미학개론』은 시인 김지하가 '미학'을 전공하는 계기가 된 책이다.
10 김태오, 『교육학개론』, 을지문화사, 1955.
11 김태오, 『심리학』, 동국문화사, 1959.
12 이동순, 「광주의 혼으로, 어린이와 민족을 노래한 광주전남 최초의 시인 김태오」, 『문학

그런데 여기서는 문학가로서의 김태오 보다는 민족운동가 김태오에 초점을 두어 광주에서 펼진 민족운동의 한 모습을 확인하고자 한다. 이것은 김태오가 소년운동의 핵심인물로 부상하기까지 지역적 한계를 극복해 나가는 역량과 일제 치하 광주에서 전개되었던 민족운동의 양태를 확인하는 일이 될 것이다.

2. 일제하 김태오의 민족운동 양상

1) 광주 소년운동과 조선 소년운동

일제하의 소년운동은 항일 민족운동의 일환으로 전개되었다. 소년운동이 전개된 데에는 소년들이 일찍이 근대교육을 받은 덕분에 주체적인 자질을 갖추게 된 것에 있다. "근대주체의 대표적 표상이며, 과거와 결별하고 미래를 선취해야 하는 이상적 주체 모델"[13]이 된 소년들은 "항상 생활 불안과 사상의 고통으로 불만의 기분과 태도를 취치 안흘 수 업"[14]는 일제하의 조건을 극복하기 위하여 '소년'이 주체적인 기표가 되었다. 그리고 소년들이 사회변혁의 주인공으로 부상하였다. 조선

들』, 2013 가을 참조.

13 소영현, 『문학청년의 탄생』, 푸른역사, 2008, 67쪽.

14 김태오, 「정묘 일년간 조선 소년운동」, 『조선일보』, 1928.1.12.

소년운동은 소년회, 동화회, 독서회, 야학 등 다양한 방면으로 전개되었는데 특히 주목할 것은 소년운동이 "지역운동으로 출발했다는 점, 운동의 성격을 철저히 실력양성론에 맞추었다는 점, 운동의 대상 연령을 뚜렷이 범주화했다는 점, 분명한 목표의식을 내세웠다는 점"[15]이다. 지역에서 일어난 소년운동은 지역운동이었지만 적극적인 조직화를 통해 전국으로 확산되어 갔다. 당시 광주전남 지역에는 목포소년회, 목포 소녀회, 광주기독소년부, 광주화성단, 영암소년단, 영암구림소년단이 있었다.[16]

광주의 소년운동은 김태오가 "1919年 여름 양파정에서 동지 십여인이 회집하여 고고의 성을 발하여 소년단을 조직하고 씩씩한 동지를 규합"하면서 출발했고, 그에 따라 "조선 소년운동의 최초 발상지를 진주라고 하지만, 그 실은 광주"[17]다. 김태오의 주장대로 광주의 소년운동은 일제 치하에서 전개되었던 조선 소년운동의 출발점이 되었다. 김태오가 양파정[18]에서 시작한 소년운동은 광주라는 "지역에 기반을 두고 일어난 구체적 실천운동"[19]이었다. 소년 김태오는 16세에 불과한 나이였지만 주체적이고 자발적으로 지역사회의 변혁에 앞장서기 시작하였다.

15 최명표, 「국권침탈기 전북 지역의 소년운동」, 『한국 근대소년운동사』, 선인, 2011, 290쪽.

16 경종경고비 제8566호, 「조선소년연합회 발기 대회에 관한 건」, 1927.8.3, 국사편찬위원회.

17 김태오, 「소년운동의 당면과제」, 『조선일보』, 1928.2.12.

18 독립기념관 한국독립운동사연구소가 펴낸 『광주전남 독립운동사적지』 1・2(국가보훈처・독립기념관, 2010)에는 '양파정'이 사적지로 올라와 있지 않다. '양파정'은 '홍학관'과 더불어 민족운동을 전개하기 위한 모임들이 잦았던 장소였던 만큼 또한 소년운동의 구체적인 장소라는 점에서 반드시 사적지로 지정되어야 한다.

19 최명표, 「'조선적' 소년운동의 논리와 실천」, 『한국 근대 소년문예운동사』, 경진, 2012, 195쪽.

광주에 이어 진주와 안변 등지에서도 소년단이 조직되어 소년운동이 일어나자 천도교에서도 1921년 5월에 천도교소년회를 출범시켰다. 이것은 소년운동이 민족운동으로서 파괴력을 지니고 있음을 간파한 천도교단의 결단이었다. 하지만 종단의 유지를 위하여 천도교단이 일제와 협력하게 되면서 천도교소년회는 동력을 상실하는 우를 범하게 된다. 어찌 되었든 소년운동은 일제 치하 억압받던 민족의 운명을 짊어질 주체가 된 소년들이 중심이 되어 "'소년에 의한 운동'과 '소년을 위한 운동'"의 양가적 의미를 내포한 운동으로, "소년운동 자체가 독립운동과 직결"[20]되었던 것이다. 따라서 소년운동은 항일 민족운동 차원의 논급이 필요하고, 소년운동의 중심에 김태오가 있었다는 사실은 광주 지역에서 전개된 민족운동의 양상과 흐름을 파악하는데 중요한 요소임에는 분명하다.

그가 광주에서 전개한 소년운동은 문화예술분야를 통해서도 확인된다. 그는 광주소년군으로 광주 최초의 취주악대인 5인조 악단의 단원으로 활동하며 최순오, 이태직, 김태봉, 이수경과 함께 코오넷, 클라리넷, 바리톤, 드럼 등을 연주, 김철주, 김태봉과 함께 소년들에게 악기 연주를 지도하였다. 이 활동은 1921년부터 1929년까지 8년 동안이나 지속하였다. 그리고 최윤상, 수피아여학교 학생들과 가극 〈초영생〉, 〈열세집〉을 무대에 올려 공연하기도 하였다. 그 뿐만 아니라 1922년에 광주의 첫 관현악단을 조직하여 최윤상과 함께 흥학관에서 '황해도 수재민 돕기 구호금품 모집을 위한 가극, 음악, 무용의 향연'을 기획하고

20 장석홍, 「근대 소년운동의 독립운동사적 위상」, 『한국독립운동사연구』 45집, 2013, 254쪽.

개최하기도 하였다.[21] 이것은 그의 소년운동이 구호가 아닌 실천이었음을 증명한 사례다. 그는 광주 지역의 소년들이 문화예술을 경험하고 향유할 수 있는 토대들을 마련하는데 기여한 것이다.

김태오가 광주에서 전개한 소년운동은 이뿐만이 아니다. 그는 1925년 5월 1일 광주어린이회에서 주최하여 양림기념각에서 열린 '어린이날 기념식'에는 500여 명의 청중이 모인 자리에서 토론회 사회를 보면서 어린이들을 독려하였다. 그리고 1927년 9월 17일 광주기독교청년회관에서 열린 광주의용소년회 창립총회에서 강순명[22]과 함께 지도위원으로 위촉되어 활동하였고, 1928년 1월 17일 광주사립보통학교에서 광주소년동맹 대강연회에서 「소년운동의 지도정신」을 강연하였다.[23] 소년 김태오가 어린이들을 위하여 앞장섰다는 사실은 소년들이 지역사회 운동의 주체가 되어 지역의 변화를 주도하였음을 보여주는 것이다. 그야말로 실천 가능한 것들을 중심으로 소년들이 할 수 있는 최대한의 운동을 펼친 것이다.

그는 또한 광주 지역사회에서 해결해야 할 현안 문제를 일찍 인식하고 있었다. 아래는 그가 광주 지역사회에서 펼친 변혁운동의 한 모습을 확인할 수 있는 글이다.

21 광주YMCA역사편찬위원회, 『광주 YMCA 90년사』, 광주YMCA, 120~121쪽 참조.

22 강순명은 1926년 12월 광주기독교청년회 농촌부에서 농촌야학 업무에 관여했으며(『중외일보』,1926.12.28), 1927년 광주 흥학관에서 열린 광주청년동맹 창립대회에서 위원으로 피선되었다.(『중외일보』, 1927.11.29) 1928년 3월 22일부터 23일까지 광주 양림교회에서 조선기독교청년회 전남연맹 창립대회에서 위원으로 선출되었다.(『중외일보』, 1928.3.28)

23 이 강연회에는 강석천은 「소년운동의 지위」, 강석원은 「소년운동과 임무」, 그리고 강해석, 현덕신, 홍마리아 등의 강연이 예정되어 있었다.(『중외일보』, 1928.1.15)

금반 전선을 통하야 광고 미증유의 대수난은 실로 처절참절하엿도다. 당시 전사회 급 각 개인이 총출동원하야 그 구호와 부조와 진력한 것은 실로 흔하찬탄하는 바이다.

그러나 그 응급책은 그들을 영구히 근본적으로 구제할 수는 업섯다. 그럼으로 그들을 기갈과 병에서 엇더케 구호할가 하는 것이 목하의 급무이다. 그러면 이 구호의 책임과 능력을 가진 자가 그 누구일가? 나는 무엇보다도 기사실에 잇서서 유산자, 즉 실력잇는 자의 분기를 고대하지 마지 안는 바이다.

우리 광주에서도 그들을 만일이라도 구제하겟다는 정신하에서 이미 수재구제회를 조직하고 음악회ᄭᅡ지 개최한 일이 잇섯는데, 참으로 가슴속에서 울어나온 열정으로 동정하는 자는 오즉 무산자일 ᄲᅮᆫ이오, 소위 유산자 양반들의 동정이라고는 눈을 씻고 보아도 어더 볼 수가 업섯다.

광주 부자 제군이여!

제군도 이목이 잇는 이상, 이재민의 참상을 이문목도하엿슬 것이 아닌가! 인면수심이 아닌 이상, 엇지 피안의 화로만 보고 잇슬 수가 잇나!

제군의 부는 길게 말할 것 업시 무산자의 피ᄯᆞᆷ으로 된 결정체이다. 인지는 발달되고 시대는 변하야 우금ᄭᅡ지 유유순종하든 무산대중은 인제는 제군에게 향하야 전선을 정돈하는 중이다. 엇지 제군에게만 한하야 영원히 그 안일을 허할소냐!

제군아!

호상부조는 인류의 본성이니, 차 기회에 반성 참회하야 저들 이재 동포 구제에 그 성의를 다할지어다.

—「광주 유산자에게」[24]

그는 조선의 현안문제였던 '수재민'을 구제하기 위한 방편으로 구제회를 조직하고 음악회까지 여는 열성을 기울였다. 그럼에도 불구하고 상호부조에 무심한 광주지역의 유지들을 보다 못해 구제에 동참할 것을 촉구하는 글을 발표하였다. '미증유의 대수난'에 '우리 광주에서도 그들을 만일이라도 구제하겟다는 정신하에서 이미 수재 구제회를 조직하고 음악회까지 개최'하였음에도 불구하고 '가슴속에서 울어나온 열정으로 동정하는 자'들은 '오즉 무산자'뿐 이라며 광주의 유산자들도 '반성 참회하야 저들 이재 동포 구제'에 동참할 것을 호소하였다. 상호부조에 힘쓰지 않는 지역의 유지들을 향하여 쓴 소리를 서슴지 않았다. 그것은 곧 광주지역 사회를 향한 변혁의 요구였다. 그가 구제에 동참할 것을 주장하면서 '무산자'와 '유산자'로 대립항을 설정한 것은 사회주의의 계급적인 개념의 대립항이 아니라 "소년들을 계급투쟁의 차원에서 바라보지 않"[25]고 "지상의 진리와 선미와 자비와의 엄존을 입증할 새 천사"들의 "치욕"[26]을 씻고자 하는 의지였다. 그에게 소년은 조국의 광복을 의미하는 새로운 기표이자 민족의 운명을 이끌어 갈 주체였고 실질적으로 민족운동을 전개할 수 있는 행동하는 주체였기 때문이다.

그래서 김태오는 "소년운동의 임무가 제이 국민으로의 교양에 잇고, 현실을 써나서 살 수 업는 민족적 생활이 불가능"[27]하며 "현실을 경시하는 소년운동은 민족적 일 부문으로의 소년운동의 임무를 수행하지 못할 것"[28]이라고 우려하였다. 식민지라는 시대적 현실을 직시하고 '오

24 『동아일보』, 1925.8.25.
25 최명표, 앞의 책, 198쪽.
26 김태오, 「전조선소년연합회 발기대회를 압두고 일언함」, 『동아일보』, 1927.7.30.
27 김태오, 「소년운동의 지도정신」, 『중외일보』, 1928.1.14.

월회'와 '소년운동자협회'가 하나의 조직으로 통일하여 단결된 힘으로 현실을 타파할 수 있다고 판단하였다. 그래서 1927년 5월 17일 오월회와 소년운동협회가 서로 손을 잡고 방정환, 정홍교 등과 함께 "조선의 어린 영들을 위하야 아동 옹호 기관인 소년운동의 고조를 의미한 소년회 간판이 지금에 이백여 단체"[29]의 통일에 앞장섰다. 그 결과 '오월회'와 '소년운동자협회'는 '전조선소년연합회'로 통일되었다. 아래는 그 주장의 일부이다.

一. 조선 소년운동은 통일적 조직의 충실과 발달의 민활의 도함

二. 조선 소년운동에 관한 연구와 실현을 도함

이란 이대 표어하에 전조선소년연합회 발기 준비회를 새로히 조직하고, 각 지방에 잇는 단체에서도 이에 대한 공명이 즘짓부터 큰 바 잇서, 이제 육십 개체 단체와 사개 연맹 단체의 승인을 득하고 래 삼일을 기하야 발기대회를 소집케 됨을 무엇보다도 조선 어린이의 다시 업는 길잡이가 되고 장래 조선의 행복이 이에 잇슬 줄 확신한다.

그러나 의사별론으로 파열적 감정을 창도하는 기개 단체가 잇슬는지 모른다. 그러나 재래의 인순과 습관으로 상전의 화를 짓는 인색의 적이 되지 말어야 한다. 자— 노노히 말할 것 업시 조선 각지에 산재한 소년 세포 단체를 총합하야 중앙집권적 최대 기관을 조성하는 것이 급무이며, 가장 적절한 방법이오 무기이다.

자! 우리의 처지와 환경이 가튼 백의 대중아. 일치적으로 공명하여 한데

28 김태오, 「소년운동의 지도정신」, 『중외일보』, 1928.1.13.

29 『동아일보』, 1927.7.29.

뭉치자! 그러면 우리의 운동과 사명을 다함에는 기 무기는 무엇인가. 일. 통일, 이. 조직, 삼. 개체, 이것을 우리는 유일한 무기로 활동하며 나아가자는 것이다.[30]

이 글에서 확인되는 것처럼 김태오는 '조선 각지에 산재한 소년 세포 단체를 총합하야 중앙집권적 최대 기관을 조성하는 것이 급무이며, 가장 적절한 방법이오 무기'로 판단하여 '육십 개체 단체와 사개 연맹 단체'가 단일 조직체가 되어야 한다고 주장하였던 것이다. '백의 대중아. 일치적으로 공명하여 한데 뭉치자!'고 설파하였는데 그것은 망국민의 처지를 타파할 수 있는 유일한 '무기'가 소년운동이라는 점을 분명히 한 것이다. 소년운동만이 '조선 어린이의 다시 업는 길잡이가 되고 장래 조선의 행복이 이에 잇슬 줄 확신'하였던 것이다. 당시 광주에서는 광주청년운동을 통일시킬 목적으로 광주청년연맹을 해체하고 광주청년동맹을 창립하였다.[31] "청년운동의 파쟁을 청산"하고 "광주청년운동을 통일시키"[32]기 위한 전략이었다. 광주청년동맹 창립대회 당시 김태오는 위원으로 선출[33]되는 일련의 과정 속에서 그의 위치는 확고해져 갔다. 그에 따라 중앙의 소년회들과 연대하면서 조선 소년운동의 핵심 인물이 되어 갔다.

---

30 김태오, 「전조선소년연합회 발기대회를 압두고 一言함」, 『동아일보』, 1927.7.29.

31 광주청년동맹 임원으로 위원장 김재명, 위원 조칠성, 김기열,김창석, 박학규, 강순명, 오홍근, 노석규, 이동환, 김용, 김태오, 강영석, 장석천, 강해석, 이형기. 이형기. 지창수, 김명규, 검사위원 김홍석, 최한영, 강석봉 등이다.(『중외일보』, 1927.11.29)

32 『동아일보』, 1927.11.9.(창립준비위원은 오홍근, 이덕기, 강영석, 장석천, 김재명, 강해석, 오영, 서재익, 정윤모, 국채진, 김창열이었다.)

33 『중외일보』, 1927.11.29.(창립일은 1927년 11월 26일이다.)

그가 『동아일보』와 『중외일보』의 후원으로 서북지방을 1927년 8월 10일부터 1개월 동안 순회강연 한 것은 소년운동가로서의 위치를 가늠할 수 있게 한다. 「서북 지방 동화 순방기」[34]는 신의주, 의주, 안동현, 선천, 정주, 안주, 평양을 거치는 여정과 소년운동을 비롯한 각 민족운동 단체들의 활동상을 기록하고 있다. 이를테면 신의주에는 사회단체가 미약하다고 지적하면서 "신의주 사회여! 좀도 민중을 위하여 노력" 해 줄 것을 당부하는가 하면, 의주는 "소년운동도 북선에는 가장"잘 하는 지역으로 기록하고 있다. 평양에는 조만식 선생에게서 많은 것을 느꼈다는 감회를 기록하기도 하였다. 그의 서북지방 순회는 '동화구연'이 목적이었지만 각 지역의 소년운동상을 확인함으로써 소년운동의 전국적인 조직의 필요성을 인식한 것으로 추정된다.

그 후 김태오는 '광주 피의자 사건'의 2차 검속에 걸려 강석원, 김만년,[35] 김판암,[36] 김재천,[37] 박광신 등과 함께 구금되었다가 방면되었다. 그러나 전남소년연맹을 조직하려는 집회를 일경이 불허하자 무등산 증심사에서 비밀회합을 갖던 중 40여 명과 함께 다시 검거되었다. 그 때 대부분 석방되었으나 김태오를 비롯하여 이현,[38] 유혁,[39] 조병철,[40] 강

34 김태오, 「서북 지방 동화 순방기」, 『아이생활』, 1927.2.

35 김만년은 방면 후 동맹원 김판암, 광주고등보통학교 5학년생 김재천 등과 다시 구금되었다.(『중외일보』, 1928.4.25)

36 김판암은 1928년 3월 광주 누문리 유치원의 상무로 취임,(『중외일보』, 1928.3.22) 5월 11일 구례청년동맹 집해위원회에서 후보로 선출되었으며(『중외일보』, 1928.5.15), 7월 2일 구례청년회관에서 열린 구례청년동맹임시회의에서 집행위원회에서 집행위원으로 선출되었다.(『중외일보』, 1928.7.30)

37 김재천은 김판암과 함께 1928년 3월 광주 누문리 유치원의 상무로 취임하였고(『중외일보』, 1928.3.22), 1932년 1월 20일 열린 광주협동조합 창립총회에서 평의원으로 선출되었다.(『중외일보』, 1928.7.30) 그는 광주기독교소년회 소속으로 조선소년연합회 발기인으로 참여하였다. 이로 미루어 김태오와 함께 소년운동을 시작한 것으로 추정된다.

자수,[41] 고장환, 정홍교 등은 보안법 위반으로 재판에 회부되어 금고 4월형을 선고받았다.[42] 이로써 김태오는 이들과 함께 조선소년운동가 중의 첫 번째 희생자가 되었다.[43]

광주 소년척후대의 활동도 같은 맥락에서 전개한 소년운동이었다. 광주에 소년척후대가 조직된 것은 1931년 10월인데 김후옥이 용진소

---

38 이현(1907~?, 이재배, 이대희)은 전남 함평 출신으로, 1931년 2월 광주에서 조선공산당 재건설준비위원회에 가입했다. 고려공산청년회 전남재건준비위원회를 결성했다. 5월경 용산경찰서에 검거되어 6월 불기소처분을 받고 석방되었다.(강만길 · 성대경 편, 『사회주의운동인명사전』, 창작과비평사, 1996, 388쪽)

39 유혁(1892~1966)은 전남 영암출신으로 1909년부터 1913년까지 일본에 체류했다. 1925년 2월 광주에서 사상단체 전남해방운동자동맹에 참여하고 집행위원이 되었다. 4월 전조선노농대회에 영암대표로 참가했다. 1926년 영암 신북청년회 간부를 지냈다. 광주형평청년회를 결성하고 집해위원이 되엇다. 1927년 6월 신간회 목포지회 설립에 참여했고, 7월 목포지회 주최 연설회에서 '사회운동과 신간회의 사명'이라는 제목의 강연을 했다. 이 무렵 조선공산당에 입당해 목포야체이까에 배속되었다.12월 신간회 목포지회 제1차 정기대회에서 상무간사로 선출되었다. 1928년 7월 전남청년연맹 집행위원이 되었다. 8월 전남소년연맹 창립총회에 참가했다가 집회 금지 명령을 위반했다는 이유로 체포 구금되어 4월을 선고받고 12월 만기 출소하였다. 그 직후 조선공산당 검거 사건에 연루되어 다시 수감되었으며, 1927년 7월 치안유지법 위반으로 징역2년을 선고 받고 복역했다. 1932년 4월 영암공산주의자협의회 결성에 참여하고 외부 조직 연락부를 맡았다. 6월 이 협의회가 주도한 메이데이 기념 시위 운동에 참여했다가 검거되어 1933년 징역 5년을 선고받고 복역했다.(강만길 · 성대경 편, 『사회주의운동인명사전』, 창작과비평사, 1996, 302~303쪽)

40 조병철(1901~?, 조영선)은 전남 화순 출신으로 1926년 사상단체 육성회, 화순농민조합에 참여했다. 1927년 전남청년연맹 중앙집행위원, 능주농민단체연합위원회 간부, 광주청년동맹원으로 활동했다. 5월 고려공산청년회에 가입하여 화순야체이까에 배속되었다. 1928년 8월 전남소년연맹 창립대회 사건으로 검거되어 9월 광주지법에서 금고 4월을 선고받았다. 1929년 1월 만기 출옥했으나, 조선공산당 활동으로 다시 종로경찰서에 검거되어 7월 경성지법에서 징역1년을 선고받았다. 출옥 후 광주에서 활동하던 중 검거되었다.(강만길 · 성대경 편, 『사회주의운동인명사전』, 창작과비평사, 1996, 455쪽)

41 강자수는 전남 완도군 금당도의 '금당학교 동맹휴교 사건'에 직업이 현 교원으로 표기되어 있다.(『중외일보』, 1928.10.12)

42 『동아일보』, 1928.8.26.

43 『동아일보』, 1929.1.4.

년단을 중심으로 척후대를 조직하였다. 당시 11세에서 15세까지의 소년들로 구성된 광주의 소년척후대는 "독립운동가들과 내통한 것이라 해서 시종 감시와 미행을 그치지 않았"고 "소년운동에까지 일경의 간섭과 압박"[44]이 가해졌지만 김태오는 「아기는 자라는 대한의 꽃」이라는 동요로 소년운동의 이념을 상징적으로 보여주면서 소년척후대와 소년들에게 슬기와 용기를 불어넣는 데 힘썼다.[45] 광주 지역의 유지였던 최흥종, 최원순, 남궁혁, 최영균은 광주 소년척후대에 후원을 아끼지 않았는데 김태오의 실천운동에 동참하는 의지의 표현이었다.

이상의 논의들을 정리하면 김태오로부터 시작된 광주의 소년운동은 전국에서 최초로 일어난 소년운동으로 소년들의 주체적인 실천운동이었다는 것이다. 그는 전국의 소년회를 하나의 조직으로 통일하는데 기여하였고, 조선소년운동의 첫 희생자가 되면서까지 소년운동을 이끌었다는 사실을 알 수 있었다. 그럼에도 불구하고 소년운동사에도 소년운동의 발상지가 진주라고 기록하고 있는 현실은 광주 학생독립운동 이전에 광주에서 이미 실천적인 민족운동이 전개되었다는 사실이 은폐되는 결과를 초래하였다. 광주학생독립운동이 전국으로 확산될 수 있었던 것도 소년운동을 통하여 학생들의 독립운동을 지지할 수 있는 분위기가 조성되어 있었다는 사실을 간과한 것이다.

44 광주YMCA역사편찬위원회, 앞의 책, 130쪽.
45 광주YMCA역사편찬위원회, 앞의 책, 128쪽.

2) 광주지역 계몽운동과 기독 청년운동

미국 남장로회는 1897년 3월 목포에 배유지 선교사를 파견하여 목표 선교부를 설치함과 동시에 목포교회를 설립하였다. 그리고 광주에는 1904년 4월부터 광주선교부 설립준비에 들어갔다. 광주의 선교부는 광주군 효천면 양림리에 두었다. 1904년 12월 20일 배유지 선교사와 오원 선교사의 가족이 광주로 이사하였고 배유지 선교사 집에서 첫 예배를 봄으로써 광주기독교의 역사는 시작되었다.[46] 배유지 선교사는 광주 최초의 근대학교이자 최초의 사학인 숭일학교를 설립하였고 1909년 4월 10일 2년제 소학교 제1회 졸업생을 배출하였다.[47] 숭일학교는 "보통과 4년, 고등과 2년제의 학제였지만 6년간 숭일학교에서 배웠던 교육내용은 일반 공립학교에서는 찾아볼 수 없는 민족교육이어서 학생들은 누구보다도 애국심이 강하였다. 1923년부터 학제가 개편되어 일반 보통학교와 같이 보통과 4년제를 초등과 6년제로 하고, 새로이 중등과정인 고등과 4년제를 신설"[48]하였다. 김태오도 숭일학교를 졸업하였다.[49] 김태오의 소년운동이 기독교와도 관련이 깊은 것은 숭일학교의 민족교육과 교회에서 유아교육을 담당한 것들이 복합적으로 작용한 결과이다.

46 광주제일교회 광주교회사연구소, 『광주제일교회100년사』, 2004, 쿰란출판사, 210~215쪽.

47 광주숭일고등학교 홈페이지 참조.

48 광주제일교회 광주교회사연구소, 위의 책, 267~268쪽.

49 숭일학교 학생부는 6·25한국전쟁 때 대부분 소실되어 명부를 확인할 수는 없으나 『숭일학교100년사』에 1917년 소풍때 찍은 사진이 실려 있다. 사진은 장맹섭 선생님과 김철주, 김태오, 주형옥, 김금용이라는 제목이 붙어있는 것으로 보아 김태오가 숭일학교를 졸업하였다는 것을 알 수 있다.

김태오는 광주 최초의 교회였던 금정교회의 신자로 초대 광주기독교사에서 그의 이력이 확인될 만큼이나 독실하였다. 광주 북문안교회는 1919년 북문 안에서 금정으로 예배당을 옮긴 후 광주금정교회로 개명하였는데 "서리집사 4인을 선정하여 내주일에 광고하기로 하니 정해업, 김태오, 김대석, 유상원 4명"[50]인데 "주일연보 담임은 김태오 집사로, 월 연보담임은 김대석 집사로, 특별 연보와 주일학교 연보 담임은 유상원 집사로 결정하고 동 8시 30분에 이득주 장로기도로 폐회"[51]하였다는 기록은 금정교회에서의 직책과 활동이 상당하였음을 보여준다. "금정교회는 1930년 9월 4일 북문밖교회가 분립되었고, 1924년 9월 30일 광주양림교회로 분립"[52]하였는데 양림교회의 예배당 건축비에 "김창국은 칠십원 최흥종은 육십 원"을, 김태오는 "이십오 원"[53]을 출연할 만큼 광주의 초대교회 설립의 초석이었다.

김태오는 금정교회의 서리집사 뿐만 아니라 주일학교 "유년부 부장"[54]으로 주일학교는 "일요일 오후 2시부터 공과 책을 가지고 교육"[55]을 하면서 유아교육에 힘썼다. 1922년 4월 금정유치원이 개원하였는데 "김태오 집사는 주일학교 유년부 부장의 직책을 맡은 경험으로 금정

---

50 금정교회 당회록, 1924.12.28.(광주제일교회 광주교회사연구소, 『광주제일교회100년사』, 2004, 쿰란출판사, 279쪽에서 재인용)

51 재직회 회록, 1925.1.15.(광주제일교회 광주교회사연구소, 『광주제일교회100년사』, 2004, 쿰란출판사, 279쪽에서 재인용)

52 광주제일교회 광주교회사연구소, 앞의 책, 248쪽.

53 『기독신보』, 1925.1.7.(광주제일교회 광주교회사연구소, 『광주제일교회100년사』, 2004, 쿰란출판사, 248쪽에서 재인용)

54 금정교회 당회록, 1929.1.(광주제일교회 광주교회사연구소, 『광주제일교회100년사』, 2004, 쿰란출판사, 282쪽에서 재인용)

55 광주제일교회 광주교회사연구소, 『광주제일교회100년사』, 2004, 쿰란출판사, 283쪽.

유치원에 크게 공헌을 하였으며, 1924년부터 계속 집사로 수고하면서 교회 안의 중추적인 청년 지도자로서 유치원 간사 일을 맡았다. 1927년 2월 26일 유치원 재정을 보충하기 위해서 자선 음악회를 주관"[56]할 만큼 교회 일에 헌신하였다. 교회에서의 그런 활동은 광주기독청년회 활동으로 이어졌다.

광주기독청년회는 조선기독교청년회의 한 지체로 조직되었는데 숭일학교 학생Y가 선도적인 역할을 하였다. 미국에서 돌아와 Y학생부 담당간사를 맡았던 이승만은 1911년 숭일학교를 찾아와 Y학생부를 결성하도록 하였다.[57] 그렇게 해서 결성된 숭일학교 학생Y는 1914년 당시 "정회원은 24명, 준회원은 4명"[58]이었다. 김태오도 숭일학교 학생Y 소속으로 광주기독청년회 활동을 시작하였다. 숭일학교 학생Y 활동의 대부분은 "망국을 슬퍼하고 나라를 되찾기 위한 민족의식, 애국심을 불러일으키는"[59]데 있었다.

> 광주기독교학생회는 김정련 선생이 재직 중 가장 씩씩하고 왕성하였다. 매주 토요일마다 토론회와 웅변대회가 열려 용호 상박의 기백이 넘쳐 흐르고 비분강개한 애국투혼은 용솟음치고 불꽃이 튀는 듯한 그의 열화같은 강평은 천지가 뒤박힐 듯 했다. 경찰에 검속된 많은 학생들의 사식을 위해 그의 피끓는 현하의 웅변이 터지자 당장에 많은 금품이 쏟아져 나와 철장에서 굶

---

56 재직회 회록, 1927.3.7.(광주제일교회 광주교회사연구소, 『광주제일교회100년사』, 2004, 쿰란출판사, 291~292쪽 재인용)

57 광주YMCA역사편찬위원회, 앞의 책, 90쪽.

58 광주YMCA역사편찬위원회, 앞의 책, 90쪽.

59 광주YMCA역사편찬위원회, 앞의 책, 93쪽.

주린 학생들의 배는 채워주었으나 이것이 죄가 되어 경찰에 끌려가 전신이 피투성이가 되고 그의 얼굴은 완전히 변형이 되고 말았다. 그 외에 대동단 사건등이 탄로되어 계속하여 철창의 옥고를 겪다가 출옥 직후 김태오와 필자를 불러 비밀리에 독립결사대를 조직하였다.[60]

위 글에 의하면 김정련은 김태오와 최윤상을 불러 비밀 독립결사대를 조직한 것으로 보이나 비밀리에 움직였기 때문에 어떤 활동을 했는지 여부는 확인되지 않는다. 다만 김정련은 김태오, 최윤상과 함께 연극반을 조직하여 크리스마스 때 시민들과 교인들 앞에서 연극공연을 하는 한편으로, 나주, 금성, 반남 사거리, 고창 등의 농촌을 순회하면서 농민들의 계몽에도 힘썼고, 이 활동은 "광주 YMCA운동의 효시"[61]가 된다. 김태오는 활극배우 역할을 잘해서 청중들의 호응이 깊었는데 이것은 농민과 어린이들을 계몽하는 데 효과적이었다. 그는 오방 최흥종 목사와 함께 광주기독교청년회의의 핵심에서 활동하면서 광주 기독교청년회가 지역사회 안에서 뿌리를 내리는데 중요한 역할을 담당하였다. 김태오는 광주기독교청년회 3대 총무를 지낸 이력뿐만 아니라 기독교청년회 주체의 다양한 행사 주요 인물이었다. 초대 광주기독교청년회의 기틀을 다지는 초석이 되었지만 서울로 이주하여 정착하면서 광주기독교청년회와 교류는 끊겼다. 그렇지만 초대 광주기독교청년회가 결성되어 활동할 수 있는 토대가 된 인물임은 부인할 수 없는 사실

60 최윤상, 「광주60년사」, 광주YMCA역사편찬위원회, 『광주YMCA90년사』, 광주YMCA, 2010, 123쪽에서 재인용.

61 광주YMCA역사편찬위원회, 앞의 책, 93쪽.

이다.

3) 광주 청년운동과 신간회 광주지회

1925년 당시 광주에는 19개 단체가 활동하고 있었다. 그 단체는 십팔회, 광주청년회, 광주근로공제회, 광산회, 광주소작인회연합회, 광주임금노동조합, 자동차운전사조합 토목공조합, 광주소작인회, 광주소년군, 광주기독교청년회, 북문외일려청년회, 남문외일려청년회, 여자기독청년회, 양림일려청년회, 광주정구단, 화성단, 육영단이었다.[62] 이 단체들은 서로 상호협력하고 연대하면서 지역사회운동과 민족운동에 심혈을 기울였다.

신간회는 시대적 요청에 부응해서 민족주의 독립운동세력과 사회주의 독립운동세력이 의기투합하여 창립한 민족운동단체다. 신간회는 '완전독립'·'절대독립'의 민족운동노선을 확고히 하고 '비타협적 민족협동전선' 형성을 목적으로 홍명희·안재홍·신석우 등이 천도교의 권동진·박래홍, 기독교의 박동완, 불교의 한용운, 유교의 최익환, 북경의 신채호가 의기투합함으로써 발기되었다.[63] 신간회 창립을 준비할 당시의 명칭은 '신한회(新韓會)'였으나 일제총독부에 거절당하자 홍명희의 제안으로 '신간회(新幹會)'로 고쳤는데 '한(韓)'과 '간(幹)'이 같은 의미로 쓰였다[64]는 데서 완전한 독립국가를 추구하였다. 1927년 1월

62 『시대일보』, 1925.6.30.

63 신용하, 『신간회의 민족운동』, 한국독립운동사편찬위원회, 2007.

19일에 열린 신간회 발기인대회 발기인에는 광주출신의 최원순도 포함되어 있는데 그는 일본 와세다 대학을 졸업한 『동아일보』 정치부장[65]으로 김태오와도 긴밀한 관계를 맺고 있었다. 이때 신간회는 "모든 우경적 사상을 배척하고 민족주의 중 좌익전선을 형성하려는 것"[66]에 목표를 두었다.

어찌 되었든 일제가 합법적으로 승인한 신간회는 전국의 민족운동을 주도하게 되면서 민족해방운동을 위해 각지에 지부를 설립하였다. 광주에도 1927년 10월 29일 지회가 설립되었는데 설립에 앞서 신간회 광주지회 설립준비위원회가 결성되었다. 신간회 광주지회 설립준비위원회는 광주사립보통학교에서 최흥종이 취지를 설명하고 임시의장에 최흥종, 서기에는 김재명[67]이 선출되었다. 신간회 설립대회는 흥학관에서 개최[68]하였다. 흥학관에서 개최된 신간회 광주지회 창립대회에는

64 『조선일보』, 1927.1.20.

65 전남 광주군 광주면 기옥정이 본적으로, 당시 주소는 경성부 종로 육정목 칠이번지였으며 직업은 『동아일보』 정치부장이었다. 그의 나이 22세였고 직책은 간사였다.(국사편찬위원회 한국사데이타베이스 신간회 임원명단 참조)

66 『동아일보』, 1927.1.20.

67 김재명(19014~1930, 김헌식, 김여수)은 전남 광주 출신으로 1923년 1월 경성 북성회 계열의 사상단체 건설사 창립을 시작으로 1924년 7월 해방운동사 결사에 참여하여 전남지역 책임을 맡았다. 1925년 5월 광주청년회 임원, 1926년 1월 광주청년회 체육부 위원으로 재직 중 강석원 등과 화요회 계열의 광주노동공제회를 습격했다. 이로인해 그해 3월 벌금형에 처해졌다. 그 무렵 광주해방운동자동맹 정기총회에서 집해위원으로 선출되었다. 1926년 고려공산당청년동맹 중앙위원, 11월 광주청년동맹 중앙집행위원, 12월 신간회 광주지회 대표회원으로 선출되었다. 1927년 봄부터 조선공산당 전남도당 위원으로서 당 선전부 업무를 담당하고, 고려공청 전남도책이 되었다. 4월 전남청년연맹을 해체하고 광주청년동맹을 결성하여 중앙집행위원장에 취임했다. 1928년 2월 조선공산당 제3차 대회 전남대표로 참석하여 중앙집행위원에 선출되었고, 3월 고려공산청년회 책임비서가 되었다. 7월 경기도 경찰부에 검거되었으나 1929년 12월 폐결핵이 악화되어 병보석으로 출옥했다. 1930년 1월 12일 서울 불교자혜병원에서 사망했다.(강만길 · 성대경, 『한국사회주의운동 인명사전』, 창작과비평사, 1996, 184~185쪽)

서울본회에서 박동완이 참석하였고 회장에는 최흥종, 서기 김재명, 김용기 등이 피선됨으로써 진용을 구축하였다. 그리고 각 지회 분포상황을 보고하고 강석봉 등을 집행위원으로 선출하여 각지에서 도착한 축문과 축전을 낭독하려다가 임석경찰관으로부터 전남청년연맹, 광주청년회, 담양청년회에서 보낸 세통의 축문을 압수당하였다. 또한 목포, 나주, 장성, 구례, 김제 등에서 참석한 수십 명의 축사도 금지되어 예산안 편성은 신간회에 일임하고 만세 삼창으로 신간회 광주지회 창립대회는 끝이 났다. 창립당시 임원은 다음과 같다.

회장 최흥종(崔興琮)

부회장 정수태(丁秀泰)

간사 최종섭(崔鐘涉), 한용수(韓龍洙), 전용기(全龍基), 김태오(金泰午), 최장전(崔張塡), 김흥선(金興善), 김철(金哲), 최한영(崔漢泳), 최당식(崔當植), 범윤두(范潤斗), 국채진(鞠埰鎭), 문태곤(文泰坤), 김응규(金應奎), 전수(全壽), 정해업(鄭海業)[69]

신간회 광주지회 창립당시에 김태오는 간사로 피선되었다.[70] 신간회 광주지회는 설립을 마친 다음 최흥종의 사회로 총무간사와 각 부서를

68 『동아일보』, 1927.10.17.

69 『동아일보』, 1927.11.1.

70 그러나 신용하는 신간회 광주지회 설립과 관련한 기록은 오류가 많다. 즉 김태오(金泰午)를 김봉오(金奉午)로, 김응규(金應奎)를 김경규(金慶奎)로, 정해업(鄭海業)을 정해영(鄭海榮)으로 기록하고 있는가 하면, 범윤두(范潤斗), 국채진(鞠埰鎭), 전수(全壽)는 임원명단에서 제외하고 있다.(신용하, 『신간회의 민족운동』, 국사편찬위원회, 2007, 104~105쪽)

배정하였는데 김태오는 출판정치문화부 간사[71]로 배치되었다.

신간회 광주지회는 '재만동포옹호동맹'[72]을 결성하고 지원한 방법을 모색하는 한편으로 광주의 유지들과 동정금을 모집하는 등의 활동을 펼쳤다. 1927년 12월 16일 제2회 정기대회는 광주경찰서에서 정사복 경찰관 10여 명이 출동하여 방청을 불허하고 회원의 입장을 불허하였다. 그럼에도 정기대회를 강행하였고 결의안을 채택하였는데 이 결의안은 신간회 광주지회의 활동상을 한 눈에 조감할 수 있다.

> 결의안
>
> 본 지회 대회는 본회의 강령에 기인한 좌기 문제의 구체적 행동강령을 제정하야 본 군대회에 제출한 사
>
> 一, 정치에 관한 문제
>
> 一, 경제에 관한 문제
>
> 一, 사회에 관한 문제
>
> 一, 본회조직체 급 규칙변리에 관한 초안
>
> 一, 본회 재정권 확보의 건
>
> 一, 재만동포옹호동맹에 관한 건(금지=해산)[73]

71 『동아일보』, 1927.11.3.

72 재만동포옹호동맹 위원은 정수태, 최홍기, 전홍, 서광설, 인두환, 심덕선, 최상식, 김상순, 김용철, 현주호, 최한영, 김양실, 강태성, 차문걸, 문태곤, 김용환, 김태오, 조우선, 최종섭, 서우석, 전문기, 최선식, 장석천, 김재명, 지창선, 손종채, 최영균 등이다.(『중외일보』, 1927.12.24)

73 『동아일보』, 1927.12.19.

신간회 광주지회에서는 채택한 결의안대로 관북지방의 수해를 접하고 「피해 동포의 구제를 권함」이라는 글을 배포하고 의연금을 수합하려다가 일경에 금지를 당하였다.[74] 그래도 화재와 수해가 겹친 농촌의 환경을 조사하기 위하여 부대를 편하여 담당구역을 배하여 조사에 착수하기도 하였다.[75] 신간회 광주지회의 활동은 단순히 광주지회 활동에 국한하지 않고 "조선의 모든 운동—소년, 청년, 노동, 농민, 형평, 여성, 각 운동을 신간회로 총역량을 집중하여야 할 것"[76]이라고 강조하였다. 신간회 광주지회 회장이었던 최흥종이 사임하자 그 자리는 정수태[77]가 이어받게 되었다.[78] 당시 김태오는 신간회 활동뿐만 아니라 최흥종, 현준오, 최선진이 설립한 서북여자야학원의 원장으로 재직하면서 교육에 힘쓰기도 하였다.[79]

신간회 광주지회는 광주학생독립운동을 적극적으로 지원하면서 광주학생독립운동이 전국적인 학생운동으로 전개될 수 있게 하였다. 김태오는 광주학생독립운동 피검자 명단에 없더라도 광주학생독립운동을 막후에서 지원한 것으로 보인다. 그것은 광주농업학교생 6명이 조직한 비밀결사체인 성진회가 "일본제국주의를 타도하는 것"[80]을 강령

74 『동아일보』, 1928.9.16.

75 『동아일보』, 1928.9.15.

76 김태오, 「소년운동의 당면과제」, 『조선일보』, 1928.2.11.

77 정수태(1890~1949)는 곡성출신으로 신간회 광주지회장을 역임하였을 뿐만 아니라 곡성유치원을 설립하였다. 재정의 어려움으로 위기에 있던 광주 누문리유치원을 인수하기도 하는 등 민족교육에 심혈을 기울였다. 후에 곡성면장으로 재직하였다. 정래혁 전국방부장관의 부친이기도 하다.(『시대일보』, 1924.6.12; 『중외일보』, 1928.3.22 참조)

78 『동아일보』, 1929.1.1.

79 『동아일보』, 1929.1.7.(소설가 박화성이 서북여자야학원에서 교사로 근무하기도 하였다. 박화성과는 서울로 이주한 후에도 연락을 주고받으며 오랜 인연을 유지한 것으로 보인다. 김태오의 회갑연에 참석하여 축하의 글을 남기고 있다.)

으로 채택하고 있었던 만큼 조선공단상 재건 조직의 야체이카였던 강석봉[81]과 조선공산당 중앙 간부이자 고려공산청년회 책임비서였던 김재명이 광주학생독립운동을 적극적으로 협조하던 때 광주청년동맹과 신간회 광주지회 간부였던 김태오가 참여하지 않았을 리는 없다. 김태오는 강석봉, 김재명과 광주청년회와 신간회 임원으로 같이 활동하였다는 점에서 "광주학생독립운동을 후원하는 후원회장"[82]이었을 가능성을 배재하기는 어렵다. 아래는 김태오에 대한 국가공훈록으로 김태오가 펼친 민족운동을 잘 정리하고 있다.

> 광주사람이다. 1919년 3·1독립운동 다시 광주에서 학생대표로 독립선언서를 등사하여 뿌리면서 시민 수천명과 함께 만세시위에 참가하였으며,

80 한정일, 『일제하 광주학생민족운동사』, 전예원, 1981, 141쪽.

81 강석봉(1898~1966)은 광주에서 태어나 광주제일보통학교를 졸업하고 광주공립농업학교를 다니다가 중퇴했다. 광주에서 3.1운동에 참가했다. 대구복심법원에서 징역 1년을 선고받고 1921년 만기출옥했다. 1923년 광주청년회, 광주 비아면소작인회에 참여했고, 1924년 목포무산청년회에 참여했다. 1925년 전남청년대회 준비위원, 사상단체 전남해방운동자동맹 집행위원, 조선청년동맹 중앙집행위원, 전조선노농대회 준비위원이 되었다. 1926년 전남청년연맹 교양부 위원이 되었으며, 광주협회, 신우회에 가입했다. 12월 조선공산당 제2차대회에 참석했다. 1927년 2월 조공 전남도책으로 선정되었다. 그해 광주청년동맹, 신간회 광주지회에서 활동했다. 1928년 3월 조공중앙검사위원 후보로 선임되었다. 그해 제4차 조공검거사건 당시 검거를 무면하게 위해 잠시 일본으로 피신했다. 1934년 귀국하여 목포에서 여객선 운항업, 해산물 수출업에 종사했다. 1945년 9월 건국준비위원회 전남지부 부위원장, 전남도인민위원회 부위원장으로 선임되었다. 이 무렵 조공 전남도당 결성에 주도적으로 참여했고, 이후 미군정 포고령 위반으로 2년간 투옥되었다. 1950년 7월 조선인민군 점령하에 광주시인민위원회 위원장으로 선출되었으나 곧 반동분자로 몰려 투옥되었다. 1961년 2월 민족자주통일중앙협의회 결성대회에 참석했다. 그 해 5·16군사쿠테타 발발 후 박정희정권에 의해 체포되어 징역 2년을 선고받았다. 출옥후 사망했다.(강만길·성대경, 『한국사회주의운동 인명사전』, 창작과비평사, 1996, 12~13쪽)

82 김태오의 큰 사위인 이근엽(84세, 연세대 명예교수, 한글학회 고문)은 생전의 김태오가 직접 들려준 이야기라고 했다.(이근엽 구술, 2013.6)

1922년 5월 김정련(金正連)등과 함께 한국독립단(韓國獨立團)을 조직하고 독립결사대(獨立決死隊)를 편성하여 군자금 모집과 일제 관공서 폭파 등의 활동을 벌였던 것으로 전해진다. 1927년 10월 16일 서울에서 방정환, 고장환, 등과 함께 조선소년연합회를 조직하고 중앙집행위원 겸 교양부 부원으로 선임되어, 우리 민족의 장래 기둥이 될 어린이의 보호와 계몽에 힘썼다. 그 후 신간회 광주지회 간사, 광주청년동맹 소년부 집행위원, 광주소년동맹 교양부 집행위원, 광주기독교청년회 간사로 활동하였다. 또한 1928년 8월 5일 정홍교, 고장환 등과 함께 광주소년회관에서 전라남도 소년연맹 창립대회를 개최하려 하였으나 일경의 집회 금지 조치로 실패하자 그날 밤 광주 증심사에서 수십 명의 동지들과 모임을 갖고 위 소년연맹의 조직에 관한 협의를 하던 중 피체되어, 동년 9월 29일 광주지방법원에서 소위 보안법 위반으로 금고 4월을 받고 옥고를 치렀다. 출옥 후 1936년 12월 서울에서 조선아동애호연맹이 창립될 때 준비위원에 선임되어 활동하였다. 그 외에도 「비야비야 오너라」 등의 동요를 창작하여 보급하고 우리말로 된 어린이책 『설강 동요집』을 펴내는 등, 일제의 소위 황민화정책에 대항하면서 어린이들의 민족정서 함양에 힘썼다. 정부에서는 고인의 공훈을 기리어 1993년 건국훈장 애족장을 추서하였다.[83]

김태오에게 정부는 1963년 3월 1일 비밀결사운동인 '대동단 사건'의 공로를 인정하여 건국공로훈장을 수여하였고, 1993년에는 독립훈장 애족장을 수여함으로써 그가 펼친 민족운동에 확실한 의미를 부여

83 국가보훈처, 「국가공훈록」.

하였다. 이처럼 '일제의 소위 황민화정책에 대항하면서 어린이들의 민족정서 함양에 힘썼'던 김태오의 민족운동은 한 가지로 정리될 수 없는 스펙트럼을 갖고 있다. 김태오의 민족운동을 살펴봄으로써 광주에서 전개되었던 민족운동의 양상을 확인하였다.

3. 동요작가로 시인으로

그가 동요집 『설강 동요집(雪岡童謠集)』[84]을 낸 것은 윤석중이 낸 2권의 동요집에 이은 한국아동문학사에서 3번째로 나온 동요집이다. 이 동요집에는 소년운동과 함께 여러 지면에 발표했던 동요 76편과 「동요작법」을 「부록」으로 넣었다. 그는 이미 중앙에까지 널리 알려진 동요작가요, 동요창작이론가였다. 동요집의 서문 「향토(鄕土)의 노래」는 잡지 『신동아』의 주간이며, 소설 『사랑 손님과 어머니』의 작가 주요섭이 썼다.

> 조선 사람은 누구나 다 그 가슴 속 깊이 향토의 노래 전원의 시를 품고 있다. 그것은 우리 생활이 농촌과 떠지 못할 관계를 맺고 있음으로 서이다. 이제 다재(多才)의 人이오 남달리 어린 사람과 친함이 많은 동요시인 설

84 김태오, 『雪崗 童謠集』, 한성도서, 1933.

강(雪岡)兄은 이 억제할 수 없는 동정과 찬미를 우리 대신 맡어 노래해주고 읊어 주었다. 그리고 다년간 심혈을 경주하여 짜아논 이 『설강 동요집』이라는 아름다운 선물로써 우리 육백만 소년소녀에게 내어 주시는 것이니 우리는 이 책자를 통하여 동심에 비친 조선향토의 맥박을 느낄 수 있을 것이다.

동무들아! 이 노래의 애끊는 '멜로디'를 들어보라! 그것이 곧 우리의 환희이며 우리의 비애가 아니냐? 이 속에 담은 노래에 곡조 맞추어 같이 웃고 같이 울어보자!

소년운동을 하면서 함께 옥고를 치른 고장환도 「어린동무들께」라는 서문에 "설강 형은 특히 동요문제에 연구가 깊을 뿐 아니라 어린 사람을 누구보다도 위해줄 줄 알며 사랑하는 점에서 존경하지 않을 수 없습니다. 더욱이 '조선동요연구협회'의 초창기부터 오늘까지 조선의 동요운동을 한층 새롭기 하기 위하야 꾸준히 노력하신 선생입니다"라고 덧붙임으로써 소년운동의 과정에 동요가 함께 했다는 것을 역설했다. 김태오가 쓴 「머리말」에서 동요창작의 목적이 어디에 있었는지 알 수 있다.

나는 일찍부터 조선의 농향(農鄕)을 노래하기에 힘썼다. 특히 어린이 세계에 있어서 많이 노래하였다. 그것은 가난하고 설음 많은 우리 농향(農鄕)의 어린이들을 어떠한 방법으로써 앞길을 열어줄까 함이 그 선결문제가 됨으로 서이다.

여기에 있어서 흙(土)을 기조로 한 새로운 글! 예술적 향기가 풍부한 노래, 건전한 노래, 굳센 지도성을 가진 흙의 문예를 요구한다. 물론 향토동요(鄕土童謠) 전원시(田園詩)는 그 일부분이 될 것이다.

그리하여 나는 이 흙냄새 나는 노래들을 적은 정성으로나마 여러 해를 두고 모아서 우리 조선의 소년소녀에게 '선물'로 바치는 것이니 이 속에 담은 사상, 감성, 언어가 우리 민중의 말과 같이 울리는 것이 된다면 이 어찌 다행이 아니랴!

癸酉년, 닭소리 우렁찬, 새해 첫새벽에
동방의 새날은 바야흐로 동트려할 때
光州에서 작가 아룀[85]

그는 동요를 쓰기 위해 가장 먼저 '가난하고 설음 많은 우리 농향(農鄕)의 어린이들을 어떠한 방법으로써 앞길을 열어줄까' 고민하였다. 그리고 '조선의 농향'을 노래했고 '노래들을 적은 정성으로나마 여러 해를 두고' 썼다. 그가 '새해 첫새벽'에 '새날이 동트려할 때' 쓴 이 서문에 '광주'에서 쓴 것임을 밝혀 적었다. 다른 많은 작품을 발표할 때도 늘 빠뜨리지 않고 '광주'를 표기했다. 그는 광주를 사랑하는 시인이었다. 1917년부터 동요를 썼는데 〈그림자〉, 〈겨울아침〉, 〈눈온아침〉 첫 작품들이다.

무듬산도 중턱에는
아롱아롱 아지랑이
솔솔부는 봄바람에
너울너울 춤을추네.

85 김태오, 「머리말」, 위의 책, 1933, 5쪽.

앞집색씨 뒷집따님
모다모다 불러오소
무듬산과 명내갱변
나물캐기 한철일세.

솟아나는 꽃다지며
달랑달랑 달롱개도
논뚝밭뚝 시냇가에
나픈나픈 돋아나네.

무듬산의 고사리며
명내갱변 미나리도
가주가주 캐어다가
저녁상에 올려놓세.

—〈나물캐는 노래〉 전문

주) '무듬산' 은 광주 무등산, '갱변' 은 강변

그는 소년운동을 전개하면서 동요도 열심히 썼다는 것을 알 수 있다. 1922년에 쓴 이 작품에는 무엇보다도 광주지역의 향토어를 시어로 활용하고 있는 것이다. 민중들이 쓰는 말대로 '무등산'을 '무듬산'으로 '강변'을 '갱변'으로 썼다. 일제 치하에서 우리 지역어를 활용하여 동요를 쓴 것은 뛰어난 언어감각과 향토애와 민족애를 승화시킨 것이다. 이

것이 그가 말한 바로 민중의 말이고 그의 문학정신이다. 그는 "사상, 감정 언어가 민중의 말과 울리는 것"임을 우리가 많이 불렀던 동요인 〈봄맞이 노래〉[86]로 보여주었다.

동무들아 오너라 봄맞이가자
너도나도 바구니 옆에끼고서
달래냉이 씀바귀 나물캐오자
종다리도 높이떠 노래부르네

동무들아 오너라 봄맞이가자
시냇가에 앉아서 다리도쉬고
버들피리 만들어 불면서가자
꾀꼬리도 산에서 노래부르네

—〈봄맞이 가자〉 전문

아마도 이 동요를 모르는 사람은 드물 것이다. 시골의 봄 풍경을 아주 잘 보여주는 동요이다. 이 동요는 1930년에 썼으며, 산과 들로 나물을 캐러 다니는 어린이들의 모습을 담았고, 산과 들과 내로 조선을 상징화한 작품이다. 동요 「강아지」도 마찬가지다.

우리집 강아지는 복슬강아지

86 발표당시의 원문의 제목은 1930년에 쓴 「봄맞이노래」이며, 원문이 부분적으로 수정 되어 약간 다르다.

어머니가 빨래가면 멍멍멍
쫄랑쫄랑 따라가며 멍멍멍

우리집 강아지는 예쁜강아지
학교갔다 돌아오면 멍멍멍
고리치고 반갑다고 멍멍멍

―〈강아지〉 전문

이 동요들은 친구들과 함께 나물캐러 다녔던 풍경과 강아지와 함께 마을을 돌았던 기억을 호명한다. 그는 "까맣게 잊어버렸던 아동시절의 생각이 은근히 가슴 속에 떠돌"[87]아 마음의 평화를 가져다주는 동요를 "소년문학 건설의 기초"로 인식하고 썼다. 그는 광주에서의 행한 민족운동과 동요쓰기는 일제하 독립운동의 성격을 지닌다. 그는 동요 외에도 22편의 동화와 3편의 동극을 썼다. 한편 작품집 『동방(東方)의 광명(光明)』[88]는 일본경찰의 불허가 출판물이 되어 출판하지 못했다가 뒤에 시집 『초원(草原)』을 냈다. 정인섭은 김태오의 시집 『초원』[89]의 서문에 "향수가 그 어느 작품에서든지 직간접 느껴진다"면서 "정들인 고향을 떠날 수 없는 시경을 그 창작기저로 하고 있어 그것을 상상이라는 꿈과

87 김태오, 「童謠 雜考 斷想」, 『동아일보』, 1929.7.1.
88 「불허가 출판물 목록 삼월분」, 『조선출판경찰월보』 제55호, 1936.3. 『아이생활』(1933.3)의 「아이벽신문」의 집필자 저서 소개란에 '설강동요시집 『동방의 광명』(미간)'으로 표기되어 있고, 『설강 동요집』은 이미 간행한 뒤임을 미루어보면 일제가 불허한 책은 두 번째 동요집에 해당한다. 그러나 두 번째 동요집은 미발행으로 끝난 것으로 추정된다.
89 김태오, 『草原』, 청색지사, 1939.

낭만적인 수법"으로 표현하고 있다고 간파하였듯이 그의 많은 시편은 고향에서 출발하여 고향으로 귀착된다. 시 「회고(懷古)의 정(情)」은 원초적 고향에 대한 끝없는 그리움을 담고 있다.

동무여!
그때가 발서 옛날이엇구려!
『아까시야』 욱어진 楊林숩속으로 거닐면서
꽂 香氣맡으며 노래부르노라면
매암이는 덩달어서 가닥으로 어우러질 때
우리는 다시금 발을 돌리어
웃텅을 벗어붙인채 불모래 강변을 내달어
물속으로 와닥닥 뛰어들어가—
헤염치며 크나큰 波紋을 일으키고
물장구치고 물싸홈하고 그리고 또—
물을 한숨에 쑥 드리켯다가 확 내품어 버리면
七色 무지개 아름답게 설 때에
우리는 손뼉치며 뛰지 안엇는가요
앗다 벌거벗고 자유롭게 놀던 그때 말이여요
동무여!
그때가 발서 옛날이엇구려
(…중략…)
솜뭉치같은 하—얀 눈송이가
시름없이 퍼붓는 어느 겨울날—

학교에 가서 여러 동무들과 눈싸홈하고

집에 도라와서 동무와 같이 눈사람 만들어 놓고

이웃집 아이들에게 자랑하던 그때라던지

여러 동무들이 방망이 몽둥이

잡히는 대로 메어들고 씩씩하게

산에 뛰올나 노루며 토끼잡든 그때

앗다! 기운차게 뛰며 놀던 그 無等山말이여요

—「懷古의 情」 부분[90]

김태오의 시에 자주 등장하는 공간은 단연 '양림'과 '광주천'과 '무등산'이다. 양림은 지금의 사직공원 주변의 동산으로 그가 처음으로 동지들과 더불어 소년운동을 시작하기로 결의한 곳 '양파정'이 있는 양림동산이다. '광주천'은 지금은 물놀이할 수 없는 곳이 되었지만 그 때는 수정처럼 맑은 물에서 '웃통'을 벗고 물장구를 치며 벌거벗고 놀았던 곳이다. '무등산'은 노루를 잡으러 뛰어다녔고, 토끼몰이를 하러 뒹굴었던 곳이다. 이 시에서 뿐만 아니라 그가 쓴 많은 시에는 고향의 추억과 향수로 가득 차 있다. 다음의 글에서는 광주의 역사를 가슴에 안고 있는 그를 보게 된다. 그가 품은 광주의 모습이 어떠했는지를 가늠할 수 있다.

오늘은 달 밝은 밤, 그리고 八月 秋夕이다. 아직 南國에는 기러기의 消息

90 김태오, 「懷古의 情」, 『동광』, 1931.5.

은 없으나, 제법 싸늘한 바람에 寒氣가 도는 품이 北天에서 기룩기룩 달 밝은 밤, 높다란 秋空을 훑고 그야말로 맑은 主人公인 기러기가 날러오는 듯한 맑은 밤이다. 그러기에 나는 밤잠을 이루지 못하고 두 벗과 가치 瑞石城 문허진 옛터 社稷壇에 올라 울적한 懷抱를 씻으러 햇던 것이다.

秋夕달 하루밝기로
楊波亭에 오르놋다
문허진 옛城터에
明月따라 逍遙할제
풀숲에 귀뚜라미만
구슬프게 울더라

光州川 구비지고
無等山이 높앗는데
金忠壯 어데가고
鄭錦南은 어데갓노
蒼空에 一輪明月도
수심짓고 가니라

이러한 卽興詩를 지어 보며 옛날의 歷史的 遺跡을 더듬어 보는 이 나의 가슴에는 싸늘한 傷處를 남길 뿐이다.

하얀 달빛은 자최없이 大地 우에 떨어지고 잇고나. 그리고 저편 老松이 푸르른 곳에 달빛이 새여 나리여 꿈같은 그림자를 던지고 잇고나. 불어오는 가을바람에 솔닢이 洋琴을 치고, 온갖 잡풀 욱어진 풀에서 가을의 뭇버레들이 애닯은 심포니를 演奏하고 잇다. 眞珠 같은 이슬방울이 반짝반짝 光彩를 내는 풀밭을 거닐고 잇을 때, 달빛은 유난히도 히고 푸른 빛으로 이 땅을 노려보고 잇더구나. 뭉게뭉게 서리어 깊은 잠 속에 빠진 듯한 그윽한 밤이다. 나는 다시금 발을 돌리어 不動橋 쇠다리에 앉은 몸이 되엇다.

푸른 밤 그 中에도 맑은 달밤 힌빛과 푸른 빛으로 繡노은 듯한 맑은 月影이 물 우으로 떨어지는구나. 그리고 가벼운 微風이 살살 물 우로 기어가는구나. 달은 물 우에서 하늘하늘 춤을 추고, 물결은 金波銀波를 이루며 실줄기 같은 문의를 짓고 노래하며 흘러가면서 잇구나.

(…중략…)

아! 맑은 달밤이다. 더럽고 밉고 거문 것은 다 쫓기고, 푸른 빛 맑은 빛으로 씻은 맑고 푸른 밤이다. 물아! 끝없이 흐르라. 달아! 한없이 맑고 푸르라. 달은 웃고, 물은 노래하고, 나뭇가지는 춤추리라.

아! 거룩한 달밤. 聖母 마리아와 같은 聖靈이 나타나 愛와 平和를 속삭이는 듯한 神秘로운 달밤이다. 저쪽 楊林 건너편에는 자는 듯 꿈꾸는 듯한 蒼白한 실안개가 감돌고 잇는 밤이로구나.(下略) —秋夕날밤에

—「예 城터의 仲秋明月」[91]

이 글은 민족운동 이후 일본에서 유학을 마치고 서울 중앙보육학교 교원으로 재직하고 있을 명절을 맞아 고향에 내려와서 추석날 밤의 정취를 쓴 글이다. 그는 친구 2명과 같이 '서석성 문허진 옛터 사직단에

91 『동아일보』, 1934.9.27.

올라 울적한 회포'를 풀고 '옛날의 역사적 유적을 더듬어' 쓴 즉흥시에는 역사의 뒤안길을 걷는 이의 쓸쓸함과 애달픔을 담았다. 역사가 흐른 뒤에도 기억하고 전승해야 할 시대정신을 상실한 것에 대한 회한이 묻어 있기도 하다. 그러다가 이내 수심을 걷어내고 광주천에 스민 달빛과 나눈 대화에는 추석날 밤의 풍경과 하나 되어 한없이 평화롭기만하다. 추석날 밤의 달빛과 광주천의 조우는 그의 결 고운 언어나 만나 빚어낸 광주찬가이다. 그의 이와 같은 맑은 심사는 시 「달밤」에도 잘 담겨있다. 작곡자 나운영이 곡을 붙여 가곡으로 유명한 작품이다.

燈불을 끄고 자려하니
휘양창 窓門이 밝으오.

門을 열고 내여다 보노니
달은 어여쁜 仙女 같이
내 뜰우에 찾어 오다.

달아 내사랑아
내 그대와 함께
이 한밤을 얘기하고 싶고나.

○

어데서 흐는 短簫소리
淸涼타 달밝은 밤이오.

솔바람이 선선한 이밤에
달은 외로운 길손 같이
또 어데로 가려는고.

달아 내사랑아,
내 그대와 함께
이 한밤을 同行하고 싶고나.

—「달밤」 전문

시 「달밤」에 곡을 붙인 "나운영은 중앙여자전문학교의 부학장인 시인 김태오 선생에게서 시집 『초원』을 받아 보고 그 중 「달밤」이 마음에 이끌리어 구상 끝에 16일 밤 「달밤」을 완성하여 19일 JODK(경성중앙방송국)의 방송을 통해서 첫선을 보였다. 독창자는 나운영의 아내 유경손이었고, 피아노 반주는 나운영 자신이 하였다." 김태오는 "홍난파 선생에게 바이올린 레슨까지 받았던 분인지라 남달리 음악을 깊이 이해"[92] 하고 있었다. 추석날 달밤의 광주를 노래하였던 그가 「달밤」이라는 시를 쓴 것은 우연이 아닌 필연이었다. 그가 태어나 젊음을 바쳐 살았던 광주, 그래서 그는 광주의 혼으로 살았던 사람이며, 고향으로부터 자유롭지 못했던 사람이다.[93] 그는 광주의 첫 시인이었고, 누구보다도 광주

92 「가곡순례」, 『새농민』, 1988.9, 56~57쪽.

93 이후의 삶은 교육자로 전념하였고 연구에 몰두하는 것으로 일관하였다. 그의 첫 연구서는 『미학개론』(정음사, 1949)이다. 그리고 『민족심리학』(동방문화사, 1950), 『심리학』(동국문화사, 1954), 『교육학개론』(을유문화사, 1955), 『교육심리학』(을유문화사, 1956) 등의 연구서로 집적되었다. 그의 연구는 선구적인 것이었고 도전적이었다.

의 정체성을 잘 보여준 작가였다. 그러나 지금까지 광주, 혹은 광주전남의 문학을 논하면서 김태오에 대한 평가나 언급은 어디에도 없다. 하지만 그는 일제 치하에서 광주를 대표하는 시인이었다는 사실은 변할 수 없는 사실이다.

4. 결론

김태오는 광주전남 최초의 현대 시인이자 아동문학가다. 그러나 그는 다양한 스펙트럼을 가지고 있는 인물로 문학가로만 규정지을 수 없는 존재감을 갖고 있다. 특히 그가 광주의 인물로서 광주를 중심으로 활동한 항일 민족운동은 문학가로서 보다 앞선 활동이었기 때문에, 그리고 광주학생독립운동 이전의 항일 민족운동이었다는 점은 각별한 의미를 갖는다. 민족운동가였던 김태오는 구체적인 실천에 머문 것뿐만 아니라 그것을 문학적으로 승화시켰다는 데 민족운동의 의미는 더 각별하다.

김태오는 광주가 소년운동의 발상지로서의 위상을 갖게 한 장본인이다. 광주에서 시작된 소년운동은 전국 각지에서 자연발생적으로 소년단체들이 등장하면서 전국적인 소년운동으로 확산되었다. 이에 김태오는 광주에서의 소년운동 경험을 이론적으로 무장한 이론가로 전국 소년단체의 단일조직체인 조선소년연합회의 지도인사가 되었다. 지역의 소년들을 계몽하고 선도하면서 지역사회의 변혁운동을 펼친 것은 소년을 민족의 미래 기표로 상정하고 현실에 눈감지 않은 실천운동을 전개한 것이다. 이는 곧 일제하 민족운동이었다.

광주기독교청년회의 창립회원이었던 김태오는 광주 초대교회 설립과 운영에 있어 광주기독교사에서 빠질 수 없는 인물이다. 광주기독교소년회 회원으로 출발하여 광주기독교청년회의 간부가 되었고, 금정교회의 유치원 교육을 담당하였던 주일학교 교사이기도 하였다. 그는 농촌계몽활동과 더불어 숭일학교 교사인 김정련과 함께 비밀결사체를 조직하여 활동하였다. 김태오의 광주기독교청년회 활동은 민족운동의 연장선이었던 셈이다.

김태오는 신간회 광주지회의 창립회원으로 시작하여 신간회 광주지회의 간부로 활동하였다. 신간회 광주지회는 재만동포옹호동맹을 결성하고 구호활동을 펼쳤으며, 광주학생독립운동을 적극적으로 도왔다. 그럼으로써 광주학생독립운동은 전국적으로 확산되면서 일제를 압박한 민족운동이 되었다. 김태오가 다방면에 걸쳐 펼친 활동은 결국 민족운동으로 수렴된다. 김태오의 민족운동을 확인한 지금 다시 '역사를 망각한 민족에게 미래는 없다'는 사실을 상기시키고 있다. 또한 그는 광주의 첫 시인이었고, 누구보다도 광주의 정체성을 잘 보여준 작가였다. 그러나 지금까지 광주, 혹은 광주전남의 문학을 논하면서 김태오에 대한 평가나 언급은 어디에도 없는 것은 아쉬운 일이다. 하지만 그가 일제 치하에서 광주를 대표하는 시인이었다는 사실만은 부인할 수 없다.

김현승 시에 나타난 자연물의 상징성

1. 머리말

자연은 생명체를 가진 모든 존재들의 삶의 원천이다. 인간의 삶을 가장 잘 표현하고 있는 예술이 문학이라면 인간의 삶의 터전이자 원천이 되는 자연은 문학과 필연적인 관계를 맺을 수밖에 없다. 문학에서 자연에 관한 문제는 단순히 소재의 차원을 넘는 것이다. 왜냐하면 자연과 인간과의 관계, 그리고 작가의 삶의 태도에 관한 문제를 내포하고 있기 때문이다.

자연이 무엇인가 하는 문제는 문맥과 내용에 따라 다양하고 복잡하고 매우 포괄적인 의미를 지니고 있다. 자연의 사전적인 의미는 구체적인 자연물, 인간을 포함한 우주 그 자체, 정신에 대하여 외적 경험의 총체, 곧 물체계와 그 여러 가지 현상, 저절로 되는 생성 전개에 의한 상태, 즉 인공, 인위의 문화에 대한 상대적 개념, 그리고 역사에 대하여 보편성, 반복성, 법칙성, 필연성의 입장에서 본 세계[1] 등으로 요약된다. 문학에서 자연은 시대나 지역 그리고 계층과 문학의 갈래에 따라 다양하게 나타나며 특히 시에서는 개별적이고 감각적으로 체험하는 대상이 된다. 자연은 의식의 외부에 독립적으로 존재하는 사물들의 세계이면서, 또한 그 영역에는 우주 전체와 같은 광대한 비생물계와 미생물적인 세계도 함께 포괄된다. 즉 자연이라는 말은 인식 주체의 외부에 경험적 지각의 대상으로 존재하는 자연경관 및 자연물[2]을 일컫는다.

본고에서는 자연에 대한 이상의 정의를 토대로 일제 강점기와 해방 공간, 해방 이후의 혼란한 시대에 신앙과 양심, 고독의 시정신을 바탕으로 인간존재의 본질을 탐구해 온 김현승의 시를 텍스트로 하여 자연물의 상징적 의미를 살펴보고자 한다. 김현승 시에 대한 기존의 연구들은 대부분 시의 관념어에 집중하고 있음을 볼 수 있다. 이는 기독교적인 환경의 영향성과 전기적 사실을 김현승 시 연구의 출발점으로 삼았기 때문이다. 따라서 김현승의 자연에 대한 태도와 자연물의 시적 상징성을 분석적으로 살피게 될 본 논문은 기존의 연역적 연구를 귀납적 방법으로 보완한다는 점에서 의의가 있다 하겠다. 여기서는 김현승이 사용했던 '외계적 자연'과 '내면적 자연'의 개념을 살피고 이를 분류 기준으로 하여 그 상징성을 분석하기로 한다.

1 이희승, 『국어대사전』, 민중서림, 2003.

2 이승원, 『근대시의 내면구조』, 새문사, 1988, 16쪽.

2. 외계적 자연의 상징

자연은 어떤 대상을 가리키기도 하면서 대상의 존재 형태를 강조하기도 한다. 때문에 자연이라는 개념은 고정된 사물뿐만 아니라 사건이나 동작 그리고 내적인 심리까지도 포함될 수 있다. 시에서 시인이 자연에 대한 경험과 인식을 어떻게 형상화하는가 하는 점은 매우 중요하다. 자연에 대한 경험과 인식에 있어 동양과 서양은 커다란 차이를 보여 왔다. 그것은 역사적 경험이나 사물 인식의 차이, 그리고 종교적인 차이에서 비롯된 것이기도 하다. 이러한 차이는 현대 시인들의 시에서도 발견된다. 동양에서의 자연은 심미적 외관의 대상만으로 나타나기보다는 비유와 상징의 대상으로 나타난다. 그래서 자연에 풍부한 의미가 부여된 것이다. "천지가 나와 함께 생겨났고, 만물이 나와 일체가 된다(天地與我併生, 而萬物與我爲一)"[3]고 한 장자의 무위자연 사상은 문학의 무한한 의미이자 제재인 자연의 의미를 명징하게 보여주고 있다. 이러한 자연은 시인에게는 창조행위의 에너지가 된다.

김현승은 자신의 초기시에 대해 「굽이쳐가는 물굽이 같이」에서 다음과 같이 적고 있다.

> 그 시절의 시풍은 나 자신이 생각할 때 민족적 로맨티시즘이 아니면 민족적 센티멘털리즘이라고 할 수 있다. 식민지 상황에 놓여 있던 그 무렵 많은 우리 시인들은 그러한 경향의 시를 쓰고 있었고 젊은 나이의 필자도 그러한

3 『莊子』, 齊物篇.

> 취향이 개인적 기질에 맞았기 때문이었을 것이다.
>
> 그리고 그 무렵 나의 시에는 자연미에 대한 예찬과 동경이 짙게 풍기고 있었다. 불행한 현실과 고초의 현실에 처한 시인들에게 저들의 국토에서 자유로이 바라볼 수 있는 곳은 아무도 거기서는 주권을 행사하지 않는 자연뿐이었다. 그야말로 이상화의 '빼앗긴 들에도 봄은 오는가'이었다.
>
> 그러므로 그 당시 자연을 사랑하는 것은 흉악한 인간 — 일인들과 같은 인간의 때가 묻지 않은 깨끗하고 아름다운 세계를 지향하는 의미가 포함되어 있었고 지상에서 빼앗긴 자유를 광대무변한 천상에서 찾는다는 의미도 함축되어 있었다.[4]

이 진술은 김현승이 '자연미에 대한 예찬과 동경'을 통해 민족의 불행한 현실을 은유하고자 하였음을 보여준다. 검열을 피하는 수단으로 주권을 행사하지 않은 자연을 택했으며 그 자연을 매개로 빼앗긴 자유 찾기에 나선 것이다. 김현승의 초기시들을 가리켜 권영진은 "시인의 출발기에 쓰여진 작품이라는 점에서 이후의 시 세계와 뚜렷이 구별되고 있으며, 민족적 울분을 직접적으로 표출함으로써 당시 1930년대 시단의 모더니즘의 기교주의적 성향과 카프 계열의 시들이 가지는 예술성 결여의 문제를 아울러 극복하려는 시적 태도를 보여주었다는 점에서 시사적인 의의를 지닌다"[5]고 하였는데 그것은 위의 진술과 일치하는 것이다.

---

4 김현승, 『김현승전집 시/산문』 1, 2, 시인사, 1985, 257쪽. 이하 인용된 모든 시와 글들은 이 책에서 인용한 것이다.

5 권영진, 「김현승시와 기독교적 상상력」, 『다형 김현승 연구』, 보고사, 1996.

1930년대 시인들의 시는 자연 그대로에 안주한 도피주의적 경향과 자연을 대상으로 하되 기지와 풍자로 현실에 대한 비판을 드러낸 두 가지 경향으로 나누어 질 수 있다. 김현승은 후자에 속한다. 김현승이 등단 초기에 낭만적 경향의 시들을 발표했음에도 불구하고 감상주의에 기울지 않은 것은 일제에 빼앗긴 들에 대한 자유를 찾는 작업이었기 때문이었다.

축복과 사랑을 받지 못하는 크고 작은 유리창들이
순간의 영광답게 최후의 찬란답게 빛이 어리었음은
저기 저 찬 하늘과 추운 지평선 위에 붉은 해가 피를 뿌리고 있습니다.
날이 저물어 그들의 황홀한 심사가 멀리 바라보이는
광활한 하늘과 大地와 더불어 황혼의 默想을 모으는 곳에서
해는 날마다 그의 마지막 정열만을 세상에 붓는다 합니다.
여보세요, 저렇게 붉은 情熱만은 아마 식을 날이 없겠지요.
아니 우랄산 골짜기에 쏟아뜨린 젊은 사내들의 피를 모으면 저만할까?

그렇지요, 東方으로 귀양간 젊은이들의 情熱의 회합이 있는 날아! 저 하늘을 보세요.
황금창을 단 검은 기차가
어둡고 두려운 밤을 피하여 黎明의 나라로 화살같이 달아납니다.
그늘진 산을 넘어와 광야의 시인 — 검은 까마귀가 城邑을 지나간 후
어두움이 대지에 스며들기 전에
열차는 安全地帶의 휘황한 메트로 폴리스를 향하여

墨暗이 절박한 北部의 雪原을 탈출한다 하였습니다.

그러면 여보! 이 날 저녁에도 또한 밤을 피하지 못하는 사람들이 있지 않습니까?

적막한 몇 가지 일을 남기고 해는 졌습니다그려!
참새는 소박한 깃을 찾고,
산 속의 토끼는 털을 뽑아 둥지에 찬바람을 막고 있겠지요.
어찌 灰色의 포플러인들 五月의 茂盛을 회상하지 않겠습니까?
불려 가는 바람과 나려오는 서리에 한평생 늙어 버린 전신주가
더욱 가늘고 뾰죽해질 때입니다.
저녁 배달부가 돌아다닐 때입니다.
여보세요. 쓸쓸한 겨울 저녁이 올 때 허다한 사람들에게
행복한 시간을 프레젠트하는 우편물입니까?

해를 쫓아버린 검은 狂風이 눈보라를 날리며 개선행진을 하고 있습니다그려!
불빛 어린 창마다 구슬피 흘러 나오는 悲戀의 頌歌를 듣습니까?
쓸쓸한 저녁이 이를 때 이 땅의 居住民이 부르는 遺傳의 노래입니다.
지금은 먼 이야기, 여기는 東方
그러나 우렁차고 빛나던 해가 서쪽으로 기울어지던 날
오직 한마디의 悲歌를 이 땅에 남기고 先人의 발자취가
어두움 속으로 영원히 사라졌다 합니다.
그리하여 눈물과 한숨, 또한 내어버린 웃음 위에

漂浪의 역사는 흐르는 세월과 함께 쓰여져 왔다 합니다.

그러면 여보, 이러한 이야기를 가진 당신들!
쓸쓸한 저녁이 올 때 창밖에 안타까운 집시의 노래를 放送하기엔
—당신들의 情熱은 너무도 크지 않습니까?
漂浪의 역사를 그대로 흘려 보내기엔
—당신들의 마음은 너무도 悲憤하지 않습니까?
너무도 오랫동안 차고 어두운 이 땅,
울분의 덩어리가 수천 수백 강렬히 불타고 있었습니다그려!

마침내 悲戀의 감정을 발끝까지 찍어 버리고
금붕어 같은 삶의 기나긴 페이지 위에 검은 먹칠을 하고
하고서, 강하고 튼튼한 역사를 또다시 쌓아 올리고
캄캄하던 東方山 마루에 빛나는 해를 불쑥 올리려고.
밤의 險路를 천리나 만리를 달려나갈 젊은 당신들—
情緖를 가진 이, 일만 사람이 쓸쓸하다는 경루 저녁이 올 때
구슬픈 저녁을 더더 장식하는 가냘픈 旋律 끝에 매어 달린
曲調와
당신의 작은 것을 찾는 가엾은 마음일랑 작은 산새에게 내어주고
綠色 등잔 아래 붉은 會話를 그렇게 할 이웃에게 맡기고
여보! 당신들은 맹렬한 바람이 부는 추운 거리고 나아가야 하지 않겠습니까?
소름찬 당신들의 일을 하여야 하지 않겠습니까?

—「쓸쓸한 겨울 저녁이 올 때 당신들은」 전문

이 시는 「어린 새벽은 우리를 찾아온다 합니다」와 함께 김현승의 등단작[6]이다. 김현승은 「쓸쓸한 겨울이 올 때 당신들은」은 "황혼을 소재로 한 감상적인 시"였고,「어린 새벽은 우리를 찾아온다 합니다」는 "아침을 소재로 한 명랑하고 희망에 가득 찬 시였다"고 말하고 있다. 이 시들의 공통점은 주인 없는 자연을 인격화하여 형상화함으로써 암울한 현실에 대한 비판과 분기를 표출하고 있다는 점이다. 이것이 장시이면서도 서술적인 기법이 아닌 상징적인 기법으로 형상화한 이유이다. '검은 광풍', '눈보라', '비련의 송가', '눈물과 한숨', '내어버린 웃음', '표랑의 역사' 등은 일제 치하의 암울한 현실을 드러내는 등가기호들로서 '강하고 튼튼한 역사'를 위하여, '해'를 맞이하기 위하여, "가엾은 마음일랑 작은 산새에게 내어주고", "맹렬한 바람이 부는 추운 거리"로 나아가야 함을 역설하고 있다. 이 때 '튼튼한 역사'와 '해'는 희망을 상징하며 '광복'이라는 의미소를 함의하고 있는 것으로 보인다.

"민족주의적인 입장에서 분기를 은근히 의미하는 표현들이었다"는 진술을 통해 보면 '튼튼한 역사'와 '해'의 의미는 한층 더 확실해진다. '튼튼한 역사'는 다시는 무너지지 않을 힘을, '해'는 얼어붙은 대지를 녹이는 뜨거운 열정을 의미한다. '해'의 정열적이고 역동적인 힘은 '튼튼한 역사'를 위하여 '밤의 험로'를 뚫고 천리나 만리를 달려 나아가는 젊은이들에게 역경과 고난의 길인 '맹렬한 바람이 부는 추운거리'를 녹이고도 남는다. "내 시풍은 수월찮이 낭만조와 감상조에 기울어지고 있

6 김현승은 숭실전문학교 문학과 2학년때 양주동의 추천으로 등단했다. 「쓸쓸한 겨울이 올 때 당신들은」과 「어린 새벽은 우리를 찾아온다 합니다」는 1934.5.25와 1935.5.26 이틀에 걸쳐서 『동아일보』에 발표되었다.

었다. 그 소재는 주로 자연이 대상이었으나 나는 소박한 자연을 단조롭게 노래하는데 만족치 않고 즐겨 해학과 기지를 삽입시켜 인사(人事)와 결부시켜 보려고 노력해 본 것만은 사실이다."[7]는 진술을 통해 서정적 자아의 체험을 전달하고자 하는 의도가 분명히 드러난다. 대상인 자연과 주체인 자아의 동일성, 그 주객합일의 일체감은 동양의 자연철학을 그대로 반영하고 있다.

새까만 하늘을 암만 쳐다보아야 어딘지 모르게 푸르렇더니
그러면 그렇지요, 그 우렁차고 광명한 아침의 선구자인 어린 새벽이
벌써 희미한 초롱불을 들고 사방을 밝혀 가면서
거친 산과 낮은 들을 걸어오고 있었습니다그려!
아마 동리에 수탉이 밤의 적막을 가늘게 찢을 때
잠자던 어느 골짜기를 떠나 분주히 나섰겠죠.

여보세요. 당신은 쓸쓸한 저녁이 올 때 얼마나 슬퍼하였습니까?
당신이 사랑하는 해가 거친 山頂에서 붉은 피를 쏟고
感想詩人인 까마귀가 황혼의 悲歌를 구슬피 불러
답답한 어두움이 방방곡곡에 숨어들 때
당신은 끊어져 가는 날의 숨소리를 들으며 영원한 밤을 슬퍼하지 않았습니까?
그러기에 당신은 또한 絶望을 사랑하기에 輕率하고,

7 김현승, 「시인으로서의 나에 대하여」, 전집 2, 281쪽.

感情을 달래기에 퍽도 理智가 둔하였다는 말이지요.

지구의 구석까지 들어 찰 광명을 거느리고, 용감스러운 해는

어둡고 험준한 비탈과 절벽을 또다시 기어오르고 있다는 걸요.

이제 그 빛난 얼굴을 東方山 마루에 눈이 부시도록 내어 놓으면

모든 만물은 환호를 부르짖고

새로운 經綸을 이루어 나간다 합니다.

힘있고 새로운 역사가 광명한 그 아침에 쓰여진다 합니다!

저것 보아요. 어두운 밤을 지키고 있던 파수병정인 별들은 이제 쓸 데 없고요.

그리고 당신이 작은 樂天家라고 부르는 고 얄미운 참새들이

어느새 해를 환영하겠다면서 어린 이슬들이 밤새도록 닦아 놓은

빨래줄 위에 아주 저렇게 줄지어 앉았겠죠.

평생 지껄여야 무슨 이야기가 저렇게도 많은지.

그러면 글쎄, 참새들은 지금

이른 아침 새벽 偵察을 나온 구름의 이야기를 하고 있습니다그려!

저걸 좀 보아요. 우렁차고 늠름한 가상을 가진 흰 구름들이 東方에서 일어나

오늘은 벌써 서부원정의 새벽 偵察을 하고 있지 않습니까?

— 지나간 여름에 저 그름들이 黃河沿岸을 공격하였을 때

너무도 지나친 승리를 하였다고 합니다그려.

그러니 어찌, 感想詩人인 까마귀들만이 그냥 있을 수 있어야지요.

아마 황혼에 읊을 詩材를 얻기 위하여 지금 저렇게 산을 넘어

거칠고 쓸쓸한 광야로 나가는가 봐요.

東편에선 언제나 가장 높은 체하는 험상궂은 산봉우리가
아직도 해를 가리우며 내어놓지를 아니하는데
그 얌전성 없는 참새들은 못 기다리겠다고 반뜻한 줄을 흩으리고
그만 다들 날아가 버리겠지요.
그러나 그 차고 넘치는 햇발들이 사방으로 빠져 나오고 있지 않습니까?
그러기에 어제밤 당신을 보고 말하지 않았습니까?
밤을 뚫고 수천 수백리를 걸어 나가면 광명한 아침의 선구자인 어린 새벽이
희미한 등불을 들고 또한 우리를 맞으러 온다고 말하지 않았습니까?

―「어린 새벽은 우리를 찾아온다 합니다」 전문

이 시는 '새벽'을 인격화하여 내일에 대한 기다림과 갈망을 동시에 표출하고 있다. '험상궂은 산봉우리'가 아침 해를 가리고 있어도 '햇발'들이 사방으로 펼쳐지는 것을 막을 수는 없다. '참새', '햇발', '아침의 선구자'는 희망의 내일을, '험상궂은 산봉우리'는 어두운 현실을 상징함으로써 강한 이항대립을 보인다. '새벽'은 하루의 시작이며 생성의 시간이고 밤을 끝내는 시간이며, '밤'은 하루의 끝이고 소멸의 시간이며 낮을 끝내는 시간이다. 그러므로 '새벽'은 "희망찬 내일을 위하여 희미한 초롱불을 들고 사방을 밝혀가면서 거친 산과 낮은 산들을 걸어오"는 시간이며, '밤'은 "답답한 어두움이 방방곡곡에 숨어들"고 "끊어져가는 날의 숨소리를 듣는" 슬픔의 시간으로, 어두운 식민지가 서서히 소멸해가고 있음을 표상한다. '새벽'을 '어린 선구자'로 인격화시키고

있는 것은 암울한 현실에 대한 분기와 미래에의 의지 표현이다. 이를 통해 "소재는 주로 자연이 대상이었으나 소박한 자연을 단조롭게 노래하는데 만족치 않고 즐겨 사회적인 해학과 기지를 삽입시켜보려고 노력했다"는 시적 태도를 시 텍스트에서 확인할 수 있는 것이다.

김현승의 이런 시적 태도는 「새벽은 당신을 부르고 있습니다」에서도 '붉은 소나무'가 '자랑하며' 서있다거나, '새벽'이 '경륜과 구가로 돌파한다' 등으로 나타나고 있어 자연을 대상 자체가 아니라 자아의 정서적 상관물로 표상하고 있음을 알게 한다. 김현승 시의 자연물은 묘사의 대상이 아니다. 주체가 정서화되고 또한 자연에 동화되어 있다. 김현승 시의 특징은 대상이 중심이 아니라 정서화 된 시적 자아가 중심인 것이다.

새벽

세상이 쓴지 괴로운지 멋도 모르는 새벽
종달새와 노래하고
참새와 지껄이고
시냇물과 속삭이고
참으로 너는 철모르는 계집애다.
꽃밭에서 이슬을 굴리고
어린 양을 풀밭에 내어 놓고
숲속에 종을 울리는
참으로 너는 부지런한 계집애다.
시인은 항상 너를 찍으려고 작은 카메라를

가지고 다니더라.

내일은 아직도 세상의 고뇌를 모른다.

그렇다면 새벽 너는 금방 우리 앞에 온 내일이 아니야?

나는 너를 보고 내일을 사랑한다.

더 힘있게 내일을 사랑한다.

그리하여 힘있게 오늘과 싸운다.

—「새벽」 전문

시 「새벽」에서도 '새벽'을 인격화 시켜 놓았다. 1연에서는 '세상이 쓴지 괴로운지 멋도 모르'고 '철모르는 계집애'인 새벽이 2연에서는 '부지런한 계집애'가 되어 '어린양을 풀밭에 내어 놓고', '숲속에 종을 울리'고 있다. 새벽은 비유의 대상이 아니라 인격이 부여된 존재, 즉 시인 자신과 정서적인 일체감을 이룬 존재이다. 자연현상에 인격을 부여하여 자신의 소망인 '힘있게 싸울 내일'이 도래할 것임을 확신하고 있다. 방동미의 다음과 같은 언급은 이러한 관점을 대변한다.

인간과 자연은 정신에 있어서 나누어 질 수 없는 하나이다. 왜냐하면 그들은 생명에 있어서는 영원한 기쁨과 미를 공유하고 있기 때문이다. 자연은 인류의 영원한 경전이며 인류는 자연의 장엄한 문학이다. 양자의 관계는 질고도 절친하다. 자연은 인간을 위해서 오묘한 신기를 보여주고, 끊임없이 창조하고 또 창조하는 大化元氣를 인간에게 貫注하며, 인간은 점차로 감응되어 이를 끊임없이 계승하여 면면히 이어져서 다함이 없는 생명의 굳센 기상으로써 보답하고 이에 근거하여 진귀하고 위대하며 雄渾한 기상을 열어 놓는다.[8]

인간의 몸은 자연과 닮아 있어서 자연과 인간은 정신에 있어서도 하나이다. 한 마디로 인간과 자연은 분리할 수 없다. 그러기에 동양에서는 자연이 대립과 정복의 대상이 아니라 동일성의 대상인 것이며, 자연과 조화와 통일을 강조하게 되고 자연과의 합일을 꿈꾸는 것이다. 그런 점에서 김현승의 시 또한 같은 선상에 있다 할 것이다.

3. 내면적 자연의 상징

서양에서의 자연은 인간을 비롯한 모든 존재를 창조하고 성장하게 하며 지배하는 자연이다. 고대 그리스의 유기론적 자연이 중세의 창조적 자연으로 바뀌게 되면서 자연은 신이 창조한 피조물이 되었고 기독교의 창조신인 유일신은 자연법칙의 지배자가 되었다. 신은 초자연적인 존재이며 자연과 인간은 그 유일신의 피조물에 지나지 않는다. 따라서 자연과 인간의 관계, 인간과 신과의 관계 또한 서로 분리되어 있다. 성서에 나오는 "땅을 정복하라. 바다의 고기와 공중의 새와 땅에 움직이는 모든 생물을 다스려라"[9]는 구절은 유일신의 피조물로서의 자연과 인간의 관계를 보여준다. 김현승은 생래적으로 기독교라는 특정한 신앙 속에 둘러싸여 시작활동을 해온 시인이다. 그의 시들은 대개 종교와

8 方東美, 정인재 역, 『中國人의 生哲學』, 탐구당, 1983, 181쪽.

9 『성경』, 창세기 1장 20절.

고독에 관한 내용을 담고 있으며 그의 삶은 지상에서의 물질적이고 육체적인 삶의 가치보다는 천상의 세계를 향한 철저한 구도자의 자세를 견지하고 있다. 선험적으로 수용한 기독교 사상은 그를 끊임없이 자연과의 관계 속에 있게 하였다.

> 나는 자연을 있는 대로 받아들이지 않고, 자연에다 어떤 주관적인 해석을 가하고 주관에 의하여 변형시키기를 요구한다. 이런 점에서 나는 동양적이 아니고 서구적이다. 그리고 그것은 곧 기독교적이다. 그리고 그것은 성선설에 입각한 생활이 아니고 원죄설에 뿌리박은 생활임을 나 자신이 언제나 인식하고 있다.[10]

이런 김현승의 자연에 대한 태도는 내면적인 자연이요, 서양적이고 기독교적인 자연이다. 그런 자연을 통해 내면적인 상징의미를 밝혀보고자 한다. "나는 지금까지 내가 등한히 하였던 나의 인간의 내면의 세계에로 눈길을 돌렸다. 나는 너무도 외계적인 자연에만 치우친 나머지 인간의 내면적인 자연은 몰각하고 있었던 것이다. 그리하여 나는 자연으로부터 인간으로, 외계로부터 내면의 세계로 관심을 돌렸다"[11]고 김현승 스스로 언급한 시기의 대표적인 작품으로 「눈물」을 들 수 있다.

> 더러는
> 沃土에 떨어지는 작은 생명이고저……

10 김현승, 「나의 문학백서」, 전집 2, 271쪽.
11 김현승, 「굽이쳐가는 물굽이같이」, 전집 2, 262쪽.

흠도 티도
금가지 않은
나의 全體는 오지 이것뿐!

더욱 값진 것으로
드리라 하올 제
나의 가장 나아중 지니인 것도 다만 이뿐!

아름다운 나무의 꽃이 시듦을 보시고
열매를 맺게 하신 당신은

나의 웃음을 만드신 후에
새로이 나의 눈물을 지어 주시다.

—「눈물」 전문

이 시의 기저에 "기독교 정신이 깔려 있다"는 시인의 진술이 아니더라도 생래적으로 가진 기독교적인 색채가 강한 작품임을 알 수 있다. 해방 이전 시들의 자연이 관조와 대상으로서의 외계적인 것이었다면 해방 이후 시의 자연은 내면세계에 눈을 돌린 내면적인 것이었다. 따라서 이 '눈물'을 가리켜 "첫째는 종교적 지성소에 이르는 매재로서의 눈물이요, 둘째는 생명에 대한 순결의 표상이다"[12]라는 의미부여가 가능

12 이운룡, 『김현승—현대시인연구 10』, 문학세계사, 1993, 233쪽.

해진다. '눈물'은 '나의 전체', '가장 나아중 지니인 것', '열매'와 등가를 이루면서 신에 대한 경외, 사랑하는 아들을 잃은 비통함을 의미화한다. '눈물'은 감동과 슬픔, 그리고 신에 대한 복종과 절대적인 헌신이라는 상징적인 의미를 띠고 있다.

그 무렵 기독교적인 것에 회의를 느끼기 시작하면서 김현승은 내면적인 세계로 빠져들기 시작한다. "시 「제목」을 계기로 하여 나의 시 세계에는 적지 않은 변화가 일어났다. 나는 중기까지 유지하여 오던 단순한 서정의 세계를 떠나, 신과 신앙에 대한 변혁을 내용으로 한 관념의 세계에 발을 들여 놓았다"는 토로는 내면의 자연에 깊이 침잠하기 시작하였음을 의미한다.

떠날 것인가
남을 것인가.

나아가 화목할 것인가
쫓김을 당할 것인가.

어떻게 할 것인가,
나는 네게로 흐르는가
너를 거슬러 내게로 오르는가.

두 손에 고삐를 잡을 것인가
품 안에 안길 것인가.

허물을 지고 갈 것인가
허물을 물을 것인가.

어떻게 할 것인가
눈이 밝을 것인가
마음이 착할 것인가.

어떻게 할 것인가
알아야 할 것인가
살고 볼 것인가.

필 것인가
빛을 뿌릴 것인가.

(…중략…)

어떻게 할 것인가,
끝장을 볼 것인가
죽을 때 죽을 것인가.

무덤에 들 것인가
무덤 밖에서 뒹굴 것인가.

—「제목」 부분

이 시 「제목」은 "신과 기독교에 대한 회의를 일으키게 되면서, 점점 인간에 대한 이해와 동정으로 기울어지게 되면서 인간이라는 것을 선험적으로만 관념적으로만 생각하고 있었"고, 김현승의 관심이 "점점 천국에서 지상으로, 신에서 인간으로 갈등을 느끼고 있었"던 "내부의 절실한 변화를 그대로" 드러낸 작품이다. 신에게 의지해 왔던 삶에 기대어 안주할 것인지 아니면 인간적인 삶에 맞설 것인지에 대한 내면의 소리는 결국 그렇게 고독 속으로 빠지고 만다. 그 고독은 신과 인간의 경계에 선 침묵의 목소리이자 신을 완전히 저버리지도 그렇다고 인간의 삶을 완전히 버리지도 못하는 경계에서의 몸부림치는 고독이다.

꿈을 아느냐 네게 물으면
푸라타너스,
너의 머리는 어느덧 파아란 하늘에 젖어 있다.

너는 사모할 줄 모르나,
푸라타너스,
너는 네게 있는 것으로 그늘을 늘인다.

먼 길에 올 제,
홀로 되어 외로울 제,
푸라타너스,
너는 그 길을 나와 같이 걸었다.

이제 너의 뿌리 깊이
니의 영혼을 불어넣고 가도 좋으련만,
푸라타너스,
나는 너와 함께 神이 아니다!

수고론 우리의 길이 다하는 어느 날,
푸라타너스,
너를 맞아줄 검은 흙이 먼 곳에 따로이 있느냐?

나는 오직 너를 지켜 네 이웃이 되고 싶을 뿐
그곳은 아름다운 별과 나의 사랑하는 窓이 열린 길이다.

—「푸라타너스」 전문

이 시는 고독한 존재인 '나무'와 인간인 '나'의 영혼이 교감하고 있다. 두 존재 모두는 죽음 앞에 한계를 지닌 존재이다. '검은 흙'으로 표상된 자연은 죽음 앞에 한계를 지닌 신의 피조물이기 때문에 '아름다운 별'과 '창이 열린 길'로 나아가고자 한다. 푸라타너스를 인격화하면서도 신의 피조물이라는 인식을 보여준다는 점에서 앞에서 살핀 외계적인 자연이 내면적인 자연으로 넘어가는 중간에 서있다고 하겠다. '푸라타너스'와 '나'는 길가에 서 있고 그 길을 지켜가고 있는 존재이며 동행자이다. 따라서 그 '길'은 하느님에 대한 구도를 함의한다. 김현승은 자연을 통해 의미를 만들어 내고 진정한 종교의 세계에 가고자 하는 과정을 푸라타너스가 서 있는 '길'을 통해 직조해내고 있다. 「제목」이 신과 인간의 경계에 선 침묵의 소리, 고독의 세계였다면, 「푸라타너스」에서는 서서히 신에게 다가가기 시작했다고 할 수 있고, 「가을의 기도」에 와서는 완전한 구도의 세계에 이른다고 할 수 있다.

김현승의 시에는 '가을'을 소재로 한 시가 어느 시인보다 많은데, 거의가 경건한 신성의 시[13]이다. "가을마다 기도가 있었고 그 기도에 리듬을 붙이면 시가 되었다"[14]는 진술과 "가을에는 영혼이 성장한다"[15]는 진술은 그것을 해명하기에 충분해 보인다. 「가을의 기도」 외에도 제목에 가을이 등장하는 시가 17편에 이르는 것만 봐도 가을에 깊이 천착하여 신성 안에서 영혼을 키웠음을 알 수가 있다.

> 가을에는
> 기도하게 하소서……
> 낙엽들이 지는 때를 기다려 내게 주신
> 겸허한 母國語로 나를 채우소서
>
> 가을에는
> 사랑하게 하소서……
>
> 오직 한 사람을 택하게 하소서,
> 가장 아름다운 열매를 위하여 이 비옥한

---

13 조태일, 『김현승 시정신 연구』, 태학사, 1998, 55쪽.
14 김현승, 「초가을」, 전집 2, 415쪽.
15 김현승, 「가을에 생각나는 시들」, 전집 2, 435쪽.

시간을 가꾸게 하소서.

가을에는
호올로 있게 하소서……

나의 영혼,
굽이치는 바다와
白合의 골짜기를 지나,
마른 나뭇가지 위에 다다른 까마귀같이.

—「가을의 祈禱」 전문

이 「가을의 기도」는 신에 대한 절대적 믿음이 바탕이 된 작품으로, 가을이 불러일으키는 애수가 생애의 경건한 갈망과 연결됨으로써 관념의 서정적 육화를 성취한 전범[16]이 되고 있다. 시인은 가을의 고독 속에서 겸허해진 마음으로 지난 날의 삶을 돌아보며 참다운 가치를 위해 더욱 경건한 삶을 준비한다. 따라서 그에게 있어 가을은 '기도'하는 시간, '사랑'을 완성하고자 하는 시간이며, 이를 위해 '호올로' 있는 시간이다. 1연에서 가을은 낙엽이 지는 때로 나타나고 3연에서는 열매를 맺는 때로 나타난다. 가을은 지상적인 가치가 사라져가는 계절이면서 동시에 사라짐 속에서 진정한 가치가 드러나는 계절이다. 낙엽이 지는 것이 허무이기보다는 죽음 앞의 인간이다. 인간적이고 지상적인 한계를

16 김재홍, 「다형 김현승」, 『한국현대시인연구』, 일지사, 1986, 295쪽.

생각하게 하고, 가을의 현상 속에 숨은 또 다른 본질이 '열매'를 통해 드러난다. '열매'란 꽃이 지고 나서 태어난 순수한 생명이기 때문에 가장 아름다운 열매일 수 있다. 이것은 현상 속에 숨은 본질을 찾아가는 시인의 내면적인 자연에 대한 철저한 성찰의 소산이며, '가장 아름다운 열매'는 신과 인간과 사랑에 대한 구체적인 표현이다.

'오직 한 사람'과의 사랑은 인간의 본질 찾기이며 동시에 신과의 대화를 의미한다. 세상에 대한 관심과 욕망으로부터 벗어나 자유로운 영혼으로 신을 대면하고자 하는 자아의 소망은 3연에 집중되어 있다. '굽이치는 바다'와 '백합의 골짜기'는 자아가 걸어온 삶을 가리킨다. '백합'은 성서에서도 순결한 신앙 또는 신앙인으로 비유되고 있다. 그렇기 때문에 영적 환희의 세계에 다다른 상태[17]라고 해석되어질 수 있다. 이어령은 '백합의 골짜기'는 단순한 장식적 은유가 아니라 '굽이치는 바다'와 '마른 나뭇가지 위의 까마귀'를 잇는 주요한 매개공간으로, 눈으로 볼 수 없는 '영혼'을 가시화하는 결정적 작용을 한다고 보았다.[18] 또한 마른 나뭇가지도 그의 시에 자주 등장하는 자연으로, 여기서는 인간의 한계와 운명을 긍정하고 난 뒤의 신과 마주한 공간이고, 본질적인 자아를 지향하고자 하는 정신의 한 극점[19]이라는 점에서 김현승 시의 자연은 기독교적인 사상과 긴밀하게 연결되어 있다는 점을 확인할 수 있다.

17 박몽구, 「김현승 시 연구」, 한양대 박사논문, 2003, 86쪽.
18 이어령, 「한국시 다시 읽기」, 『조선일보』, 1996.9.17.
19 조태일, 앞의 책, 64쪽.

영혼의 새.
(…중략…)
내가 十二月의 빈들에 가늘게 서면,
나의 마른 나뭇가지에 앉아
굳은 책임에 뿌리 박힌
나의 나뭇가지에 호올로 앉아,

저무는 하늘이라도 하늘이라도
멀뚱거리다가,

벽에 부딪쳐
아, 네 영혼의 흙벽이라도 물고 있는 소리로,
까아욱—
깍—

—「겨울 까마귀」 부분

'영혼의 새'인 까마귀는 현세의 물질적 행복보다는 구도의 삶을 성취하고자한 자를 상징한다. 마른 나뭇가지 위에 앉은 까마귀는 시인의 영혼에 비유되고 있다. '마른 나뭇가지'라는 데서 알 수 있듯 정결한 영혼으로 남고자 하는 구도자를 연상시킨다. "마른 나뭇가지에 호올로 앉아" 있는 까마귀는 시인의 고독한 영혼과 만나면서 동일성을 형성하게 된다. 따라서 지상에서의 유한한 삶이 다해갈수록 시인의 영혼은 영원한 세계에 다다르고자 하는 지향으로 나타난다. 까마귀는 김현승의 시에 자주 등장하는 소재중의 하나이다. '까마귀'는 겨울 들판에서 자주 볼 수 있고 우리 민족의 의식 속에 흉조 또는 사람에게 피해를 주는 새로 인식되어 있다. 그러나 김현승의 시에 등장하는 '까마귀'는 흉조가 아니다. '비가'의 주인공이며 '표백'의 상징으로, 죽음 앞에 유한한 존재와 영원한 구원의 사이 공간[20]을 노래하는 시인의 분신이다. '까마귀'는 곧 천상계와 지상계를 이어주는 매개자이면서 초월적 영혼의 소유자인 것이다. 김현승은 까마귀에 대해 다음과 같이 말하고 있다.

> 나는 20대부터 이 까마귀를 나의 시의 소재로 즐겨 썼고 지금도 나의 스크랩북에 오려 붙여 놓은 것을 잘 간직하고 있다. 그 때 나는 까마귀를 하늘의 유랑시인이라는 이미지로 표현하거나 또는 침묵의 새라고 표현하였다. 근래에도 「산까마귀 울음소리」라는 시에서 까마귀를 소재로 하여 인간의 고독을 형상화하기도 하였다. 인간의 고독과 인간들의 천형을 자기 한 몸에 그 빛깔과 그 소리로 집중하여 형상화한 듯한 새라고 나의 마음의 눈에는 보였기 때문이다. (…중략…) 모든 빛깔을 억누른 검은 빛깔로 저 자신을 두르고, 기쁨과 슬픔을 초월한 거친 소리로 울고 가는 광야의 시인, 저 까마귀의 소리를 귀 기울여 들어보라![21]

김현승의 이 진술을 보면 결국 '까마귀'는 천상과 지상을 연결하는 영혼의 새, 영혼의 구도자이며 흉조가 아닌 시인 자신, 바로 광야의 시인이다. 자연을 신과 뗄 수 없는 관계로 인식하고 있는 김현승은 완전

20 이 탄, 「김현승론」, 『한국의 대표시인론』, 문학아카데미, 1994, 282~283쪽.
21 김현승, 「겨울 까마귀」, 전집 2, 397쪽.

한 신성에 이르는 도정을 그의 시에서 자연을 토대로 실현코자 하는 것이다. 따라서 김현승의 내면적인 자연은 서양적이며 기독교적인 자연이고 그의 시는 철저한 구도와 구원을 향한 내면의 깊은 샘물에서 품어 올리는 간절한 기도문이다.

4. 맺음말

자연과 인간과 문학은 필연적인 관계를 맺을 수밖에 없다. 인간은 누구나 선험적이든 경험적이든 자연을 인식하고 경험한다. 자연을 소재로 한 시에는 자연에 대한 시인의 일정한 해석이 들어 있고, 자연을 상징적으로 형상화한 시 속에는 자연에 대한 삶의 방식도 들어 있다. 그래서 독자는 자연의 상징을 통해 실재를 새롭게 이해하게 되며 새롭게 경험하기도 하는 것이다. 동양은 자연에서 인간의 삶을 읽었고 우주의 천리를 깨달았으며 삶의 원리로 삼았다. 서양에서는 기독교 사상을 중심으로 자연과 인간, 물질과 정신을 분리된 것으로 보았다. 이처럼 자연을 바라보는 관점의 차이를 김현승의 시에 등장하는 소재들을 통하여 외계적인 자연은 동양의 자연으로, 내면적인 자연은 서양적이면서 기독교적인 자연으로 이해해보고자 하였다.

외계적인 자연은 있는 그대로인 대상으로서의 자연을 말하는 것으로 초기시를 중심으로 형성되어 있었다. 필자는 이 외계적 자연의 상징적 의미를 「쓸쓸한 겨울 저녁이 올 때 당신들은」, 「어린 새벽은 우리를 찾아온다 합니다」, 「새벽」의 시편을 중심으로 살펴보았다. 「쓸쓸한 겨울이 올 때 당신들은」과 「어린 새벽은 우리를 찾아온다 합니다」는 민족의 현실을 극복하고자 하는 의지를 드러내고 있으며, 또한 주인 없는 자연을 인격화 하여 암울한 현실에 대한 비판과 분기를 표출하였다. 「새벽」은 민족의 현실을 '새벽'이라는 시간의 자연으로 표상함으로써 시적 자아와 자연과의 조화와 통일을 이루고자 하였다.

내면적인 자연은 대상으로서의 자연이 아닌 내면에 자리하고 있는 서양적이고 기독교적인 자연을 말하는 것으로, 이에 해당하는 작품으로는 「눈물」, 「제목」, 「푸라타너스」, 「가을의 기도」, 「겨울 까마귀」 등이 있다. 「눈물」에서는 외계적인 자연에서 내면적인 자연으로 넘어가는 과정을, 「제목」에서는 내면의 자연을 통한 신과 인간의 경계에서 방황하는 침묵의 목소리와 고독을, 「푸라타너스」에서는 자연과 동행하는 구도의 과정을, 「가을의 기도」에서는 구도자로서 구원에 이르고자 하는 간절한 기도를, 「겨울 까마귀」에서는 시인의 분신인 까마귀를 통한 완전한 신성을 김현승 시의 상징적 의미로 추출하였다.

자연은 인간의 영원한 안식처이자 삶의 원천이면서 동시에 추구하고자 하는 대상이기도 하다. 그렇기 때문에 수많은 세대와 시간을 거치면서도 예술과 시의 대상이 되어 왔고 앞으로도 그럴 것임은 분명하다. 그런 점에서 김현승 시에 나탄 자연물의 상징을 살펴본 것은 의미 있는 일이라고 하겠다.

고고한 시적 체험과 자기발견

시인 **오화룡**론

1. 서론

우리의 문학사는 작가의 명성에 기대어 기술되어 왔다. 그 전제는 작가의 명성과 문단의 헤게모니에 있다. 문학사 기술에서 전제되는 작가적 명성과 문단의 헤게모니와 먼 거리에 있을수록 서술의 대상이 되지 못한다. 물론 당대의 시대적 상황이나 역사적 배경과 밀접한 관련이 있기도 하다. 그렇더라도 문학사를 서술하는 연구자들이 제 몫을 다해야만 소외되는 작가들이 줄고, 그만큼 문학사는 다양하고 풍성한 모습으로 기술될 것이 자명하다. 이런 말을 하는 것은 문학사에서 소외된 많은 작가들을 어떻게 문학사 안으로 불러들이느냐하는 문제와도 직결되어 있기 때문이다. 문학사에서 소외된 작가들이 많다는 것을 우리는 익히 잘 알고 있다. 그럼에도 불구하고 우리는 그들을 문학사 안으로 들여놓기 위한 노력을 게을리 하고 있는 것 또한 사실이다.

그런 측면에서 이 글은 그동안 연구의 대상조차 되지 못했던 한 시인을 호명하여 그의 자리를 찾아주고자 하는 목적으로 출발한다. 한 번도 연구의 대상으로 거명되지 않았던 그는 오화룡이다. 시인 오화룡은 『시인부락』 동인으로 이름만 올라와 있는 상태로 연구자의 관심 밖에 존재하고 있었다. 그는 아무도 기억하지 못한 시인이 되어 버렸지만 1930년 동인지 시대의 한 축에 있었던 시인이었다. 뿐만 아니라, 해방을 거쳐 한국전쟁을 통과한 후에도 쉬지 않고 꾸준히 작품을 발표한 시인이었다.

그런데 시인 오화룡이 누구인지, 어떤 작품을 발표했는지, 어떤 활동을 하였는지는 밝혀진 바가 없다. 다만 각 포털 사이트의 백과사전에[1]에 올라와 있는 대한 간략한 정보가 전부다. 그 정보마저도 오류투성이다. 그가 광주지역에 거주하면서 중앙문단과 거리를 둔 것이 현대시사에서나 현대문학사에서 거명되지 않음으로 인하여 연구대상에서도 소외되었을 것으로 추정된다. 그렇다고 하더라도 『시인부락』 동인지/동

1 『다음백과사전』에는 "1940년 혜화전문학교를 마치고 교사생활을 시작하여 광주제일고등학교 교사로 있다가 죽었다. 1936년 『시인부락』에 「달밤」을 발표하여 문단에 나왔으며 「초산(峭山)」(『조선일보』, 1938.6.6), 「바우」(『조선일보』, 1938.8.8) · 「왕뇌」(『백지』, 1939.7) 등의 상징적인 시를 썼다. 많은 글을 남기지 않았으나 8 · 15해방 후에는 「가슴 위에 묻히지 아니하랴」(『현대문학』, 1959.6) · 「까마귀」(『현대문학』, 1959.9) 등 인상파에 가까운 글을 쓰기도 했다. 시집으로 「밀림」(1945)이 있다"고 정리되어 있고, 『한민족백과사전』에는 "함경북도 경성 출생. 1940년 동국대학교 전신인 혜화전문학교(惠化專門學校)를 졸업하였다. 서정주(徐廷柱)가 주재한 동인지 『시인부락(詩人部落)』(1936)에 참가하여 시 「달밤」(1936)을 발표하고, 이어 「초산(峭山)」(1938) · 「바우」(1938) · 「왕뇌(王惱)」 I · II(1939), 평론 「길」(1941) 등 주로 상징적인 서정시를 발표하였다. 1940년 무렵부터 교직에 종사, 광복 후 광주제일고등학교 교사로 재직 중 죽었다. 광복 후 시 「가슴 위에 묻히지 아니하랴」(1959) · 「까마귀」(1959) 등을 발표하였다. 후기작품은 소박한 서정을 보여준다. 시집으로는 『밀림(密林)』(1945)이 있다"고 정리되어 있다.

인들에 대한 연구에서도 그의 관한 언급이 어디에도 없다는 사실은 부끄러운 일이다.[2] 따라서 이 글에서는 오화룡의 생애를 중심으로 그의 문학적 활동성과를 밝혀 문학사적 위치를 가늠함으로써 작지 않았던 그의 자리를 찾아보고자 한다. 이것은 그의 문학적 업적과 작품이 제대로 평가될 수 있는 장을 마련하는 씨앗이자, 그의 이름을 문학사 안으로 들여오는 첫걸음이 될 것이다.

2. 동인지 시대, 고고한 시적 체험

오화룡은 "보통학교 삼학년때부터 동요를 지었고 자작동요 낭독의 밤에 이, 삼차 발표한 뒤로부터는 동요짓기가 일념지사가 되어 하루 보통 삼, 사편은 습작"하고 "五학년되든 해는 『아이생활』지에 수록된 동기"가 문학적 출발이었다. "중학에 들어가서는 모르는 사이에 오늘 같은 자유시에 넘어섰는데 시의 선배들은 그것이 시의 정상한 발전과정

2 강희근, 「시 창작활동의 지속과 중단에 대한 연구―『시인부락』을 중심으로」, 『배달말』 5, 배달말학회, 1981.
김윤식, 「무속에서 전개되는 변증법―『시인부락』의 어떤 생리와 논리」, 『시와시학』 23, 시와시학사, 1996.9
신범순, 「『시인부락』파의 '해바라기'와 동물 기호에 대한 연구―니체 사상과의 관련을 중심으로」, 『관악어문연구』 37, 2012.
오양호, 「시인부락파의 북방행과 그 의식 연구」, 『인문학연구』 1, 인천대 인문학연구소, 1994.
이은정, 「『시인부락』의 모색과 도정」, 『상허학보』 4, 상허학회, 1998.11.

이라고 격려하여 주었다. 중학 삼학년 때에는 당시 『신동아』라는 월간지의 학생문예란에 선재"[3]되면서 시인이 되고자 하는 열정을 키운 시인 오화룡(吳化龍, 1915.3.30~1972.9.10)은 1915년 3월 30일 함경북도 경성군 경성면 수성동 47번지에서 출생하였다. 그리고 1936년 3월 2일 사립 동흥중학교를 졸업하였다.[4] 그때 김동환과 관계를 형성하면서 그의 영향을 많이 받았다.

> 차츰 詩作경험에서 詩的 視野가 넓어지니까 詩의 質的提高에 힘을 모음으로 月 二,三篇의 작품은 더 넘지 못했다. 더욱 그 당시 나의 작품에 부채질하여 주던 이가 家兄의 동창 巴人 金東煥兄이다. 그때 巴人은 우리나라 처음인 敍事詩 "國境의 밤"이 출판되었던 때라 문학청년들의 존경을 한몸에 지니었든 巴人이었으므로 나는 나의 작품을 여러번 보여준 기억이 새삼스럽다.
>
> 중학을 졸업하고 한때는 巴人이 주간하는 『三千里社』에 문학공부를 하기 위하여 入社할 계획도 있었으나 家兄은 자기 친구라는 입장에서 들어주지 않았기 때문에 좌절하여 버렸다. 시인 김동환 선생은 같은 고향의 태생으로 후배들에게 끼친 영향은 크다 아니할 수 없다.[5]

오화룡이 밝힌 것처럼 김동환은 함경북도 경성군 경성면 수성동 고향의 선배이자 형의 친구였다. 그렇기 때문에 습작한 시를 들고 자주 만나 조력을 받았고 거기서 만족하지 않고 '문학공부'를 더 하기 위해

3 오화룡, 「나의 詩歷」, 『학생문예』 창간호, 1959.10.15.

4 오화룡의 출생지 및 학력사항은 광주고등학교에 발령을 받은 직후 직접 작성한 「교원인사카드」에 바탕한 것이다.

5 오화룡, 앞의 글.

서 김동환이 발행하는 '『삼천리사』에 입사할 계획'까지 세울 정도였다. 그만큼 오화룡은 김동환의 영향을 많이 받았다. 그랬던 그가 본격적으로 문단에 등장한 것은 『시인부락』을 통해서다.

오화룡은 고향을 떠나 서울에 있는 중앙불교전문학교에 1937년 4월 7일에 입학하였다. 그리고 1940년 3월 16일에 졸업하였다. 시동인지 『시인부락』은 1936년 11월 서정주를 편집 겸 발행인으로 창간하였다. 『시인부락』 동인은 서정주를 비롯하여 김동리, 함형수, 김광균, 김달진, 오장환, 여상현 등으로 중앙불교전문학교(현 동국대학교)출신들이다. 오화룡도 마찬가지로 중앙불교전문학교 출신으로 『시인부락』 동인이었다. 오장환이 편집 겸 발행을 맡았던 『시인부락』 2집에 「달밤」, 「娼窟」 2편을 발표하였다. 그는 『시인부락』 시절을 다음과 같이 상세하게 기록하고 있다.

> 희미한 記憶을 더듬어 보면 내가 『시인부락』의 共同廣場에 나타나기는 1935년이 되던 해가 처음인 것 같다. 그때 徐廷柱형과 作故詩人 咸亨洙 이외 몇 사람의 發起者가 있었다고 보는 데 이 책의 主幹者 徐廷柱형을 직접적으로 많이 협조해준 사람은 아무래도 作故詩人 咸亨洙임에 틀림없다. 亨洙는 徐廷柱와 人間的으로 친절한 사이며 文學呼吸도 서로 소통되는 처지면서 동시에 그들의 友情이 高謙된 시기는 咸亨洙가 東亞日報 新春文藝에 詩 「사슴」이 當選된 이후라고 짐작한다. 내가 『詩人部落』동인이 된 동기는 咸亨洙와 同窓이자 同鄕이요, 그위에 詩文學이라는 同道를 같이 걸어 성장한 所以然으로 그 때 亨洙의 소개로서 졸작 「月夜」와 「娼屈」을 『詩人部落』에 실렸던 것이다. 同人誌를 꾸려가는데 직접 險路를 겪은 사람은 물론 徐廷柱

형이었지만 그에 못지않게 精神的 支援者는 역시 作故詩人 咸亨洙를 잊을 수 없겠다.

처음 集合場所는 알 수 없지만 다음번은 서울 社稷洞과 孝子洞 分岐點에서 앞골목(기억할 수 없음) 亨洙가 起居하는 下宿房이다. 그때 가끔 일부 同人들이 出入은 있었지만 별로 全員이 同席하는 일은 거의 없다. 간혹 같은자리에서 어울리면 입살이 아주 센 同人끼리 言爭과 비슷한 口頭詩論이 벌어지는데 이것이 度가 넘어가면 友誼 자못 傷할 듯한 印象을 주는 것이다. 그러나 이런 爭論이 있었음으로써 詩를 낳게 되고 詩의 成長에 試金石이 피는 것이라고 理解한다.[6]

오화룡은 "함형수와 동창이자 동향이요, 그 위에 시문학이라는 동도를 같이 걸어 성장한 소이연으로 그 때 형수의 소개"로 『시인부락』에 참여하게 되었다. "동인지를 꾸려가는데 직접 험로를 겪은 사람은 물론 서정주형이었지만 그에 못지않게 정신적 지원자는 역시 작고시人 함형수"였다. 그의 기억에 의하면 『시인부락』을 주재한 것은 서정주가 맞지만 "서울 사직동과 효자동 분기점에서 앞골목(기억할 수 없음) 형수가 기거하는 하숙방"에서 모였으니 동인지 『시인부락』은 여러 모로 시인 함형수의 공이 컸다는 것을 알 수 있다. 그리고 좋은 시를 쓰기 위해서 "구두시론"이 "도가 넘어가면 우의 자못 상할 듯한 인상"으로 이어졌으며, "시의 성장에 시금석이 피는 것"으로 받아들이는 문학청년들의 치열한 합평회 과정을 통해 시인으로 성장하였다는 것도 알 수 있다.

6 오화룡, 「日帝에 대한 抵抗精神의 變容」, 『현대문학』, 1966.8.

오화룡이 언급한 대로 시인 함형수는 오화룡의 함경북도 경성군 오천면 수성동 고향친구이며 김동환, 이용악, 함형수, 함윤수, 김광섭 또한 함경북도 경성이 고향인 시인들이다. 그들의 시에는 "북국적인 황막한 정조가 깃들어져 차고 깊은 북국적인 호흡이 작품 위에 흐르고 있음을 부정할 수 없는 사실이다"[7]는 고백처럼 북국의 정서가 배어 있다.

능구렝이처럼 느러진 倦怠다.
阿片같이 朦朧한 意慾이다.

밤마다 썩은 胡鳥의 피 같은
노래가 흐르는 거리.

賭博 같은 前夜의 解夢에서
너이는 幽靈처럼 이러난다.

充血한 붉은 눈을 들어
힘없이 처다보는 검은 太陽.

썩은 무 같을 두 팔을 들어
너이는 河馬 같은 하폄을 한다.

—「娼窟」, 『시인부락』 2, 1936.12.

7 오화룡, 「나의 詩歷」, 『학생문예』 창간호, 1959.10.15

오화룡이 『시인부락』에 발표한 시에 유일한 평을 붙인 강희근은 「창굴」을 "「능구렝이처럼 느러진 권태」「아편같이 몽롱한 의욕」이 드래내는 삶의 진한 빛깔, 혹은 삶을 향해 곤도선 촉각 또한 심층 울리기의 중도 폐지를 보여준 가벼운 발상의 시"이며 "단순한 창굴이 아닌, 삶의 아낙을 병들게 하는 어떤 공간"으로, 공간의 제시는 "있음의 상태에 걸려있는 나체 그 자체의 드러냄"[8]이라고 평한바 있다.

한편 『시인부락』 동인들은 "동인들의 작품이 수집되어도 일제때는 원고검열을 사전에 받지 않고는 출판을 허하지 않는 것이다. 검열에 원고가 캇트 당하면 실리지 못하는 것이다. 물론 그때 시인들은 이러한 난관을 피하기 위하여 日人들에게 접촉되지 않는 우회적인 추상적인 시어로서 표현"[9]하였기 때문에 『시인부락』의 작품은 식민지 현실과는 거리가 있을 수밖에 없었다. 그럼에도 불구하고 오화룡은 『시인부락』뿐만 아니라 중앙불전문 학생회에서 발간하는 『룸비니』에도 작품을 발표하면서 시인으로서의 면모를 발휘해 나갔다. 『룸비니』는 1937년 4월 22일 창간하여 1940년 3월 종간되었고 통권 4호가 발행되었다. 오화룡은 『룸비니』 2호에 「맹족」을, 『룸비니』 3호에는 「백골」, 「고독」, 「집념」 등 3편을, 『룸비니』 4호에는 「무무곡」을 발표하였다. 그리고 1930년대 후반의 순문예동인지 『백지』 동인으로 참여하여 활동하였다. 동인지 『백지』는 1939년 7월 최익연을 편집 겸 발행인으로 하여 창간되었다. 『백지』를 주간한 것은 조동탁으로 시인 조지훈이었다.

8 강희근, 「시 창작활동의 지속과 중단에 대한 연구—『시인부락』을 중심으로」, 『배달말』 5권 0호., 배달말학회, 1981.2.

9 오화룡, 앞의 글.

『백지』에는 조인행, 신상보, 장상봉, 김석준, 장성진, 박호진 등이 참가하였다. 창간호에는 오화룡, 조인행, 조동탁, 신상보, 장상봉, 김석준, 박수래, 박호진, 장성진, 김해진의 시와 김용태의 소설, 그리고 이재영의 희곡이 실려 있다.[10] 『백지』는 1939년 10월 28일 통권 3호로 종간되었다.

> 1938年代의 동인지 『白紙』를 想起한다. 당시 서울市內 각 專門學校에 在學中인 文學徒들의 共同廣場 『白紙』의 出現이다. 同人들은 비록 校服을 입은 學徒들이었으나 그의 覇氣나 作品水準이 旣成을 육박하는 감도 없지 않았으나 마치 綜合文藝物같은 印象을 담은 同人誌였다고는 하지만 文學徒들의 주머니를 털어 이루어진 同人誌에는 틀림없다. 지금생각하면 일정한 文藝思潮인 主義나 亞流를 심어놓은 것이 아니기 때문에 뒷날 評界에서도 언급되지 않는 것으로 보고 있지만 學徒들의 日帝의 植民地的 孤立感을 극복하려는 일련의 抵抗精神의 變容이 『白紙』라는 形態을 쓰고 나타난 것이다.
>
> 『白紙』의 主幹者는 시인 趙芝薰과 金◯泰로 記憶되는데 그때 나의 拙稿가운데서 시 「啞王國」은 끝내 日帝의 檢閱을 통과하지 못하였던 作品이다. 지금 손쉽게 자료가 없이 구체적으로 쓸 수 없지만 누구보다도 『백지』의 迂餘曲折에 대하여서는 趙芝薰형이 잘 아는 사실이다.[11]

시인 조지훈이 주간하였던 『백지』는 "동인들은 비록 교복을 입은 학도들이었으나 그의 패기나 작품수준이 기성을 육박하는 감도 없지 않

10 최덕교, 『한국잡지100년』 3, 현암사, 2005.

11 오화룡, 「日帝에 대한 抵抗精神의 變容」, 『현대문학』, 1966.8.

았으나 마치 종합문예물같은 인상을 담은 동인지"였던 『백지』는 "학도들의 일제의 식민지적 고립감을 극복하려는 일련의 저항정신의 변용"이었다. 그렇게 때문에 "나의 졸고 가운데서 시 「아왕국」은 끝내 일제의 검열을 통과하지 못하였"[12]다. 전문학교 문학청년들의 저항정신은 동인지 『백지』를 통해서 표출된 것이다. 오화룡은 『백지』 창간호에 「옥뇌 1」과 「옥뇌 2」, 『백지』 2에 「화옥」, 『백지』 3에 「희희처」를 발표하였다. 그는 『시인부락』 동인을 시작으로 『백지』 동인으로까지 활약하였던 것이다. 그뿐만이 아니라 『맥』 동인으로도 활동하였다. 그가 기억하는 동인지 『맥』은 다음과 같다.

> 1939년 1월에 淸津에서 가졌던 同人誌 『貊』이다. 당시 일제는 갈수록 간행물에 대한 통제뿐만 아니라 한국 문학예술인들에게 탄압이 심해질 무렵이니 군사기밀의 항구도시에서 집합이나 이런 단체행동을 제한할 때요, 물론 이 집합을 허용할리 없다. 동인들은 어떠한 방법이라도 동석하는 기회를 가져야 하겠는데 일부러 1939년 1월 1일 설날밤을 핑계로 포항동 모처에서 집합한다는 기별을 받고 현재 서울 배화여중에 재학중인 동요작가 목일신 형과 나는 역시 동인의 자격으로 북방 항구의 눈오는 밤에 『맥』 동인지를 주간하던 김모의 집에 찾아갔다. 여기 선착한 시인들은 벌서 술이 거나하게 취하여 슈르레알리슴에 대한 구도시론이 벌어졌으니, 그후 정말 동인지 『맥』은 슈르레알리슴의 시론을 표방으로 슈르레알리슴 풍토를 개척하는 데 있어서 이 시대의 새 기수들의 광장이라 하겠다. 사실상 『맥』은 한국 시문학

12 위의 글.

사상 최초로 슈르레알리슴 시운동을 전개한 이채로운 동인지였다.[13]

위 글에서 밝힌 것처럼 동인지 『맥』은 1938년 6월 15일 창간, 서울의 한성도서에서 발행되었다. 창간호에는 김진세, 김강인, 황민, 박노홍, 조인규, 김우철, 김봉, 이석, 함윤수, 박남수, 차은철, 함영기, 이응수, 김광섭, 홍성호 등의 작품이 실려 있고, 오화룡의 작품은 실려 있지 않다. 『맥』의 창간을 축하하는 광고란을 보면 오화룡의 기억처럼 청진에서 의기투합했음을 알려주는 광고들이 있는데 지성의원, 덕제의원, 청송상점, 고려상회, 삼광가구점은 모두 '청진포항동'을 표기하고 있는 것으로 청진의 포항동에서 『맥』 동인들이 활동하였음을 알 수 있다.[14]

오화룡은 '목일신형과 나는 역시 동인의 자격으로 북방 항구의 눈오는 밤에 『맥』 동인지를 주간하던 김모의 집에 찾아갔다.'고 한 것을 보면 함경북도 경성에서 동요작가 목일신과 함께 『맥』의 동인으로 참여하였다. 여기에서 '김모'는 발행인 김정기(金正琦)이다. 그런데 4집까지 발행된 『맥』에 오화룡의 작품은 확인되지 않는다.[15] 동인으로 함께 참여했다는 목일신[16]의 작품도 보이지 않는다.[17] 최근 『맥』 6집이 발굴되

13 위의 글.

14 『맥』 2집은 1938년 9월 6일에, 『맥』 3집은 1938년 10월 30일에, 『맥』 4집은 1938년 12월에 발행되었다.

15 『한국잡지100년』에 4집까지 발간된 것으로 정리되어 있고, 『맥』은 4집까지 영인본으로 출판되었다. 『맥』 6집이 발굴됨으로써 새로 정리할 필요가 생겼다.

16 목일신(睦一信, 1913.1.18~1986.10.12))은 전라남도 고흥군 고흥읍 행정리 425번지 출생이며, 동요 「자전거」를 쓴 동요작가로 목일신이 청진방송국에 근무하던 시절에 교류한 것으로 보인다.(이동순 편, 『목일신전집』, 소명출판, 2013 참조) 그때 시작된 인연이 오화룡이 월남하여 교사로 부임한 첫 학교인 고흥농업고등학교와 연관이 있을 것으로 추정된다.

17 다만 동인지 『맥』을 김상옥이 1996년부터 재발간 하다가 허윤정이 주간하고 있는데

었는데 참여한 시인들은 김북원, 이석, 차은철, 홍성호, 김정기, 김동규, 함영규, 조인규, 김진세, 신동철, 황민, 김광섭으로 오화룡의 이름은 보이지 않는다. 동인지 『맥』은 "동인지의 성격을 지니지도 않았을 뿐 아니라, 또 유파를 내세워 제한하지도 않았다. '퇴폐적 본능, 무의식적인 단순한 인상, 주정의 전달, 혹은 영감, 감상적 고백의 형태화시에 반역해야 한다', '시는 늘 시대에 선행해야 한다', '우리는 시에 있어서 새로운 감정적 영역을 개척 확정키 위하여 의식적으로 주지적 활동에 의하여 비판정신을 파악하려 한다'고 주장"[18] 평가하였지만[19] 오화룡은 『맥』을 '슈르레알리슴의 시론을 표방으로 슈르레알리슴 풍토를 개척하는 데 있어서 이 시대의 세 기수들의 광장'으로 '사실상 『맥』은 한국 시문학사상 최초로 슈르레알리슴 시운동을 전개한 이채로운 동인지'였다고 평가하고 있다. 『맥』 동인이 아니었다면 구체적으로 알기 어려운 내용으로, 어떤 이유로 오화룡의 작품이 발표되지 않았는지는 알 수 없으나 정황상 『맥』의 동인이었던 것은 확실해 보인다.

오화룡은 1930년대 동인지 활동과 동시에 매일신보에 시 「천몽」,[20] 「창」[21]과 수필 「우자의 수기」[22]와 『인문평론』에 시 「길」[23] 등을 발표해

『맥』 11호(2014)에 『맥』 6호(1939.11.11)를 발굴하여 소개하고 있는 점으로 미루어 최소한 『맥』은 총 6권까지 간행된 것으로 추정된다. 『맥』 6집에도 오화룡의 작품은 확인되지 않는다.

18 최덕교, 『한국잡지100년』 3, 현암사, 2005, 107쪽 재인용.

19 이 평가에 대해서는 세부적인 검토가 필요하다. 『맥』 4호까지를 살폈을 때 창간사나 편집후기 같은 일체의 내용 없이 작품들만 실려 있기 때문이다. 동인지 『맥』에 대한 연구도 진행된 것이 없고, 『맥』이 6집까지 발행되었다는 사실이 밝혀진 만큼 구체적인 연구가 선행되어야 제대로 된 평가가 가능할 것이다.

20 『매일신보』, 1938.5.8.

21 『매일신보』, 1938.5.22.

22 『매일신보』, 1939.5.14.

나가면서 시인으로서 입지를 넓혀나갔다. 그래서 『삼천리』에서 주관한 「관북, 만주 출신 작가의 『향토문화』를 말하는 좌담회(제사회)」에서 이용악이 "가끔 작품을 발표는 하나 제가 무명하듯이 그다지 알려지지 못한, 이제 큰소리를 치고 나설 동무로선 우리 경성만 해두 금진세, 신동철, 허리복, 오화룡, 함형수, 함윤수, 리수형 이렇게 많은데 모두 시인입니다"[24]라고 오화룡의 존재를 거명하고 있다. 또한 이용악은 1941년 "금년 일 년간 읽으신 작품 중 좋다고 생각"하는 작품으로 "황순원 「별」(소설), 석인해 「해수」(소설), 최정희 「백야기」(소설), 오화룡 「길」(시)"을 뽑았고,[25] 오화룡의 시를 좋은 작품으로 인정하였다. "일제는 대동아전쟁이 벌어지자 일어로 된 전쟁시를 쓰라고 강요했지만 그렇게 할 수 없는 민족량심의 마지막 유산으로 나는 인문평론지에 "길"이라는 일 편을 남겨놓"[26]고 절필함으로써 일제에 부역하지 않은 시인으로 시정신과 민족정신을 지켰다. 그는 1930년대 동인지 활동을 통해서 성장하였던 그가 추구한 문학적 열망, 고고한 시적 체험은 월남으로 이어졌지만 그는 크게 조명을 받지 못하는 불운을 겪었다.

23 오화룡, 「길」, 『인문평론』, 1940.1.
24 「關北, 滿洲 出身 作家의 『鄕土文化』를 말하는 座談會」, 『삼천리』 12권 8호, 1941.8.
25 이용악, 「今年 一年間의 我文壇의 收獲」, 『삼천리』 13권 12호, 1941.12.
26 오화룡, 「나의 詩作生活-詩의 世界는 孤高한 것」, 『전남일보』, 1958.7.20.

3. 자유를 향한 월남, 그리고 자기발견

그는 1940년 4월 5일부터 교사로 재직한 사립청진실천여학교에서 해방을 맞았고, 이후 북청농업학교를 거쳐 북청여자사범학교에 교사로 재직하였다. 교사였던 그는 해방 후에 동인지 『민림』을 주간[27]한 것이 문제가 되어 월남하게 되었다. 많은 월남 문인들이 겪었던 필화사건을 겪은 것이다.

> 해방 직후 1945년 11월 『민림』은 내가 직접 주간한 동인지다. 해방 직후 북한땅에서 최초로 지방에서 간행한 것이 순수시문학 동인지 『민림』이다. 그러나 이것이라고 순탄하게 넘어갈 까닭이 없었다. 이듬해, 그러니까 1946년 3월에사 『민림』은 반동문학이라고 규정하고 독자로부터 강제로 이것을 회수하는 등 별별 공갈을 다 받았으며, 더욱 기분이 나빴던 것은 군중집회가 있을 때마다 큰 사건이나 되는 것처럼 반동문학자로 몰아치는 바람에 나는 그들의 악질적인 사회적 매장을 여지없이 당하고도 동인지 『민림』으로 내 생사문제가 좌우되던 무서운 풍상을 겪었던 사람이다. 나와 같이 북한에서 굴욕을 당한 시인이나 작가들과 더불어 다시 한번 이 자리에서 회액하고 싶은 일이다.[28]

오화룡은 '해방 직후 북한땅에서 최초로 지방에서 간행한 것이 순수

27 아직까지 순수시문학 동인지 『민림』(북청문화사, 1945.11)은 발굴되지 않고 있다.
28 오화룡, 「日帝에 대한 抵抗精神의 變容」, 『현대문학』, 1966.8.

시문학 동인지'인 『민림』을 주간하였기 때문에 북쪽에서 "반동문학이라고 규정하고 독자로부터 강제로 이것을 회수하는 등 별별 공갈을 다 받았으며, 더욱 기분이 나빴던 것은 군중집회가 있을 때마다 큰 사건이나 되는 것처럼 반동문학자로 몰아치는 바람에 나는 그들의 악질적인 사회적 매장을 여지없이 당하고도 동인지 『민림』으로 내 생사문제가 좌우되던 무서운 풍상을 겪"었다. 오화룡을 월남하게 했던 동인지 『민림』은 아직 실체가 확인되지 않아서 그 전모를 알 수 없으나 그가 사선을 넘을 만큼 강하게 추동한 문학에 대한 열망과 표현의 자유 때문이었을 것이다. 시인 오화룡이 '군중집회가 있을 때마다 큰 사건이나 되는 것처럼 반동문학자로 몰아치는 바람에 나는 그들의 악질적인 사회적 매장을 여지없이 당하고도 동인지 『민림』으로 내 생사문제가 좌우되던 무서운 풍상'을 피해서였다. 피난을 와서도 문학을 내려놓지 않은 이유다. 그래서 "1951년 동인지 『문학자』와 1964년 동인지 『시예술』에 참여"하여 활동하였다.

그는 "전남 광주에까지 전전하여 이 지방 시인들과 동인운동을 같이 할 줄이야 꿈에도 생각하지 않았"지만 "정말 한 가닥 인생유전의 소회"[29]와 내면의 고통을 작품으로 승화시켜 나갔다. 그는 시인으로서 지녀야 할 자세를 누구보다 중요하게 생각했다.

詩心마저
上品이 되어

29 오화룡, 「日帝에 대한 抵抗精神의 變容」, 『현대문학』, 1966.8.

詩人없는
이날 어둡습니다.

아아
公明을 사랑하는
마지막
한 사람
꼭 보고 싶습니다.

사는 이보다
죽음이 옳다고
생각하는
마지막
義人을
꼭 보고 싶습니다.

— 오화룡, 「웃음으로 끝날 것인가」 부분[30]

이 시에서 드러나 있는 것처럼 그는 '시심마저 / 상품이 되어 / 시인 없는 / 이날 어둡습니다'고 지적하면서, 그는 '공명을 사랑하는 / 마지막 / 한 사람'이고자 했으며, '사는 이보다 / 죽음이 옳다고 / 생각하는 / 마지막 / 의인'이고자 했다. 시적 언술에는 그가 표현의 자유를 선택

30 오화룡, 「웃음으로 끝날 것인가」, 『전남일보』, 1965.6.9.

하여, 사선을 넘은 이유가 분명하게 드러나 있다. 그래서 "언제나 상의 중심목적을 위하여 시적 의의를 지닌 체험 그 자신들도 자신의 문제를 취사선택하는 과정을 밟아야 하는데 첫째는 작품상의 완성을 의미하는 체험이요 둘째는 시인과 시의 권위를 확립하는 영감을 체험하는 일이다. 여기한 시적 감흥은 어디서 오는 것인가. 감당하기 어려운 장엄한 소재에서 느끼는 세련된 감성에서 케어낸 시어는 형식과 내용을 직결하는 피아노의 건반과 같은 일을 하면서 영감을 돕는 것이다. 하나의 주제는 하나의 주제로서의 형식과 내용을 같이하고 있는 체험인 것을 인지해야 한다. 우리는 시인과 시와 현실체험이 일원화된 후에 제삼의 정신현실(독자)을 갖게 되는 것"[31]이라고 주장하였다.

그는 광주에 정착하여 1952년 12월 15일, 고흥농업고등학교를 시작으로, 광주공업고등학교, 광주고등학교, 해남고등학교, 광주여자고등학교, 광주제일고등학교 등에서 국어교사로 재직하였다.

> 詩人이 詩를 쓴다고 하는 일은 詩가 詩人의 呼吸이 되기 때문이다. 詩人이 自己生命을 維持하자고 보니 자연 詩를 써야 할 不可避한 理由가 있다. 이것을 解明하려고 하면 먼저 우리는 詩를 만드는 詩의 피를 理解해야 한다. 그러니까 當然히 體驗을 記錄만 하면 詩가 되는 것이라고 速斷할 수 없는 理由가 이 点에 있는 것이다. 물론 記錄를 빼 놓고는 詩란 생각조차 할 수 없지만 아무리 偉大한 詩人이라도 그가 勞作한 한 篇의 作品은 作品이 되기에 앞서 詩的 意義를 가진 體驗에서 이루어진 것이라고 하는 事實 하나가 存在할 뿐

31 오화룡, 「詩的 意義를 가진 體驗」, 『전남일보』, 1962.8.18.

이다. 다시 말하자면 詩人이 그의 生活가운데서 수性的인 生活面도 體驗은 體驗이지만 何等의 詩的 이메지에 도움을 주지 않는 平凡가운데서도 가장 平凡한 體驗과 마찬가지다. 그러므로 體驗가운데서도 特別한 構造로써 성립된 體驗이 바로 作品이 된 것을 詩라고 하겠다.[32]

그가 시를 쓰는 이유는 분명했다. '시인이 시를 쓴다고 하는 일은 시가 시인의 호흡이 되기 때문이다. 시인이 자기생명을 유지하자고 보니 자연 시를 써야 할 불가피한 이유'가 되었고, 그에 따라 그도 또한 '위대한 시인이라도 그가 노작한 한 편의 작품은 작품이 되기에 앞서 시적 의의를 가진 체험에서 이루어진 것이라고 하는 사실', 그리고 '체험가운데서도 특별한 구조로써 성립된 체험이 바로 작품이 된 것'이다. 여기서 그에게 시는 어떤 것이었는지 가늠할 수 있다. 그가 목숨을 걸고 지킨 하나가 바로 시였기 때문이다. 누구보다도 시정신을 중요하게 생각할 수밖에 없었던 시인이었다.

人間問題를 다루는 것을 度外視한 現代 詩精神은 感覺的인 末梢神經을 刺戟하는 遊戱, 感覺을 主로하는 詩語캐기에 奔忙하다고나 볼까. 現代詩에도 詩精神이 있느냐 하는 문제의 疑問을 어떻게 처리할 것인가. 우리 周邊에서 흔히 보는 바와 같이 詩를 技巧나 기xxx으로만 評價基準을 삼는 傾向이 盛하여 간다고만 하면 詩를 찾으려다가 人間을 잃어버리는 終末이 오지 않을가 한다. 特히 商品意圖에서 한 詩人을 英雄으로 억지로 올려놓고 다시 墮落시

32 위의 글.

> 켜버리는 罪惡을 보았다. 저널리즘에 便乘한 多作系 詩人들은 多産보다도 앞서 內容없는 詩를 버려야한다. 詩는 많이 쓰는 것에 詩가 있지 않고 어떻게 쓸 것인가 하는 社會責任을 느끼고 詩的 節制가 있는 곳에 詩道도 存在한다. 따라서 詩의 憂愁를 評價한다면 詩人의 出入이 問題가 된다. 低俗한 出入은 低俗한 것을 얻고 健全한 出入은 健全한 結果를 얻어들인다는 것인데 要하건데 詩의 窮極的인 解決은 人間이 詩道의 妙味를 터득하는 詩的意義를 가진 體驗뿐이다.[33]

시론을 통해서 드러난 바처럼 그는 '평가기준을 삼는 경향이 성하여 간다고만 하면 시를 찾으려다가 인간을 잃어버리는 종말'을 경계하였고, '상품의도에서 한 시인을 영웅으로 억지로 올려놓고 다시 타락시켜 버리는 죄악'으로 여겼다. 그래서 '시의 궁극적인 해결은 인간이 시도의 묘미를 터득하는 시적의의를 가진 체험'을 중요시하였고 그런 시작태도가 오히려 문단과 거리를 둔 이유가 된 듯하다. 그런 시정신은 "우리는 이 어두운 빙하의 시대에서는 침묵도 공범이라는 논리를 절대적으로 믿기 때문에 참된 언어의 탄알이 장전된 권총을"[34] 들었다는 시전문지인 『시인』의 성격과도 잘 통했다. 조태일이 주관한 시전문지 『시인』[35]에 한하운, 신동집, 문덕수, 김철, 홍윤정과 함께 '6인 특집'에 4편의 작품을 발표하여 그의 존재감을 드러냈다. 비록 지역에서 교사로 재직 중이었지만 그는 시정신을 올곧게 지켰다. 그러던 중 어떤 병을

33 위의 글.
34 편집자, 「편집자의 말」, 『시인』, 1970.2.
35 『시인』, 1970.2.

앓았는지 확인되지 않았지만 그는 병을 앓았고, 그 병으로 세상을 떠났다. 시인 오화룡의 마지막 작품은 「병중유감」이다.

밖에 바람은 멈춰도
몸살이 바람을 청한다.

네 더운 손으로
남아지 紅玉을 깎아 주려나.

벗기우는 사과 껍질이
모두 칭칭 몸에 감기듯 찬데.

生老病死,
이중에
어느 한 가지라도
깊이 생각하고 싶지 않다.

그저
韓國식 창살문은
여는 척 해도 춥다.

—「病中有感」 전문, 1972.8.11

이 시를 통해 '사과껍질이 / 모두 칭칭 몸에 감기듯 차'다와 '생로병사'를 생각하고 싶지 않다는 언술에서, 그리고 '차다'는 촉감은 몸의 체온이 내려가고 있음을 죽음을 예감하고 있음을 목도할 수 있다. 그는 "해방 후는 과거의 사오십편을 모아 시집이라도 출간하여 볼 계획이었으나 혹독한 제약된 시대정신에서 추상적이고 위축된 기형적 작품들을 내놓은 것은 나의 全部라고 생각하지 않았던 까닭에 좌절"하였고, "해방 후 작품들은 육·이오동란에 대부분의 시고들을 분실하여 수년내로서는 시집을 가질상 싶지 않으며 또 일사천리인 연기같이 있다가 없어지는 가벼운 시집을 가져서는 무얼하는가"는 회의에 빠지기도 하였다. 그리고 "일생에 단 한 편의 시일지라도 생명을 오래 지속할 수 있는 그런 것을 위하여 살 수 있다면 다행한 일"이라 여겼다. 시란 "고독한 곳에서 닦이어 대중의 것"이 되지만 그래도 시인은 "다시 시는 찬란한 세계를 창조하는 것"[36]이라 여겼다. 올곧게 시를 썼던 그는 전남여자고등학교에 재직 중이던 1972년 9월 10일에 사망했다.

그는 자유를 위하여 월남하였지만 생전에 시집 한권을 내지 못한/내지 않은 그를 위하여 전남여자고등학교는 1972년 12월에 유고시집인 『오화룡시집』을 발행하여 시인을 기억했다. 『오화룡시집』에는 월남한 이후의 작품들만 실려 있지만 그의 유일한 시집이 되었다. 연구자가 지금까지 확인한 오화룡 시인의 작품은 시 105편, 수필 10편이다. 그의 문학적 여정이 아직은 완벽하게 밝혀지지는 않았지만 대강의 얼개를 맞추어 시인 오화룡의 자리를 찾고자 하였다.

---

36 오화룡, 「나의 詩作生活—詩의 世界는 孤高한 것」, 『전남일보』, 1958.7.20.

4. 결론

문학사는 문단에 미친 영향의 정도와 명망, 그리고 보이지 않은 헤게모니로부터 자유로운 기술이 되어야 한다. 그럼에도 불구하고 우리의 문학사는 그것으로부터 자유롭지 못한 측면이 있다. 선행연구자의 평가가 문학사에 그대로 굳어진 경우가 많을 뿐만 설령 연구자들의 노력에 의해 문학적인 평가가 재고되더라도 문학사에 반영되는 경우가 쉽지 않다. 그래서 문학사가들의 문학적 관점의 다양성이 요구된다. 그런 측면에서 한 번도 연구의 대상이 되지 못했던 시인 오화룡의 문학적 생애를 추적하여 밝힘으로써 한국시문학사에 그를 호명하고자 하였다. 이는 잊혀진 시인의 자리를 찾아 문학사를 촘촘하게 하는 일이자 한국시문학을 풍성하게 하는 의미를 지닌다.

따라서 이 글은 시인 오화룡에 관한 본격적인 연구의 시작점이다. 오화룡의 문학적 생애는 크게 해방 이전과 이후로 나누어진다. 해방 이전에는 동인지를 중심으로 활동하였는데 그는 중앙불전문 재학 중인 1936년 『시인부락』 동인을 시작으로, 중앙불전문의 학생회지인 『룸비니』를 거쳐 『백지』 동인, 『맥』 동인으로 1930년대 한국현대 시단의 중심에서 활동하였다. 그리고 북청여자사범학교 교사로 재직하면서 『민림』을 주재하였다. 그러나 그것이 반동으로 몰리자 월남하여 광주에 정착하여 국어교사로 재직하면서 『동국시집』, 『문학자』, 『시예술』 동인으로 활동, 『현대문학』과 『전남일보』 등에 꾸준히 작품을 발표하여 시문학의 발전에 기여하였다.

본 연구자가 현재까지 찾아서 정리한 시는 105편에 달한다. 그의 문학적 업적은 결코 작은 것이 아닌 셈이다. 그가 지역에서 활동하는 바람에 중앙문단과 멀어져 연구의 대상조차 되지 못한 것은 아쉽다. 하지만 이 글이 시인 오화룡에 대한 본격적인 연구의 시작점이 되어 그의 문학적 업적과 작품이 제대로 평가될 수 있는 장을 마련하는 씨앗이 되기를 기대한다. 작품에 대한 본격연구는 다음을 기약한다.

시인 박흡의 문학적 생애와 시 세계

1. 서론

박흡은 1912년 10월 4일 전남 장성군 황룡면 장산리 215번지에서 태어나 1962년 10월 17일 자살로 생을 마감한 비운의 시인이다. 그의 본명은 박증구(朴曾求)이다. 문단에 나온 초기에는 본명을 썼으나 歸山, 歸山生이라는 필명으로 몇 편의 작품을 발표하기도 하였다. 이후 대부분은 박흡이라는 필명으로 활동하였다. 시와 평론과 산문을 남겼지만 단 한 번도 본격적인 연구가 진행된 적이 없었다는 점이 본 연구의 출발점이다. 본고는 박흡의 생애를 복원하고 유고들을 한 자리에 모아 시적 성과를 확인하여 지역문단과 한국시단에 그의 자리를 마련하기 위하여 기획되었다.

박흡은 황룡초등학교를 졸업하고 이리농림학교에 진학하였다. 이리농림학교에 재학 중 "광주학생 사건 이후 농과 5학년 박증구를 중심으로 독서회를 조직하여 활동을 하다가 1930년 11월 3일 광주학생운동 1주년을 기념하는 성명서를 비밀리에 인쇄하여 전교생에게 배포한 것이 기숙사 사감 마스다에게 발각되었다. 1930년 졸업을 앞두고 사상범으로 체포되어 경찰서에 끌려가 구금을 당하고 고문을 당했"[1]다. "이리농업학교 한인 학생들이 한일학생 차별철폐를 학교 당국에 요구하였는데, 학교에서는 주동자 5명을 퇴학처분하고 3명을 정학처분"[2]하였다. 이런 정황들은 박증구가 이리농림학교를 졸업하지 못하고 퇴학을 당한 것으로 추정케 하는데 국가기록원의 기록을 확인한 결과 그는 이림농림학교에서 '사상문제'로 퇴학을 당하였다는 사실이 확인되었다.[3]

이후 그의 행적은 "광주를 위시하여 다수의 청년들을 검거하였는데 장성경찰서에서도 어떤 이유 때문인지 알지 못하고 전남경찰부의 명령[4]으로 총 12명을 검거하였다"는 『동아일보』를 통해서 드러난다. "사건 내용은 비밀에 부침으로 자세히는 알 수 업스나 무슨 비밀결사나 잇지안흔가"[5] 한다. "전후총검거한 21명 중에는 로동자, 청년, 은행원, 군청급사가 석기어 잇섰"는데 군청 급사는 박흡으로 추정된다. "이영백과 박정충 량인은 송국하고 박증구, 김종수, 정근성, 송원영, 전명만 등 5

1 이리농림중학교 역사관의 기록되어 전시되어 있으나 구체적인 증거 자료는 학교에서도 확보하지 못하고 있었다.

2 『동아일보』, 1930.11.22.

3 1945년 이전의 이리농림중학교의 학적부는 국가기록원으로 이관하였고, 총동창회의 졸업생 명부에도 그의 이름이 없는 이유가 퇴학을 당하였기 때문임을 알 수 있게 되었다.

4 「長城署 活動 青年 多數 檢擧」, 『동아일보』, 1932.8.31.(검거자의 명단에 박증구가 있음.)

5 「長城署檢擧事件 七名만은 取調中」, 『동아일보』, 1932.9.17(박증구는 취조중인자의 명단에 들어있다. 당시 취조중인 사람에는 다음과 같은 이름이 올라 있다. 김학수, 김옥, 기원홍, 기우욱, 정근성, 서정환)

인은 상급 류치중"[6]이며 "이영백, 박정충은 치유법으로 지난 20일에 송국하였다는데 김종수, 박증구, 송원영, 정근성 등은 일건 서류와 송국하엿"[7]다. 그리고 또다시 "일요일임에도 불구하고 장성협동조합장 김시중, 조합점원 전영만, 각증리에서 리길수, 박증구, 기일홍 등을 검거하여 전북각지로 호송"[8]하였고 "금월말일까지는 전부 취조를 마치어 송국할 예정"[9]이다. 이상은 박흡이 평범한 청년이 아니었음을 말한다.

어떤 사건에 연루되어 사상범으로 체포된 것으로 추정되지만 아직 구체적으로 밝히지 못하였다. 다만 사건의 핵심인물로 보이는 '이영백'은 추후 독립운동사에 이름을 올리고 있기 때문에 항일운동에 적극적으로 가담했던 것으로 추정된다. 또한 장성협동조합장 김시중은 신간회 장성지회 간부를 지낸 인물로 광주학생독립운동 당시 맹휴에 나선 학생들을 적극 지지한 강경파 학부형들 중의 한 명이다. 맹휴를 적극 지지한 학부형들은 주로 신간회를 통해 민족운동에 참여하고 있었던 인물들이다.[10] 따라서 박흡은 이들과 함께 움직였을 가능성을 배제하기 어렵다. "일제의 모진 찬서리 밑에서 추위에 항거하는 겨울물처럼 청춘을 그늘지게 소모한 나"[11]에서 확인된다. 정황상 항일운동에 적극 가담하였음을 인정하는 말이다.[12]

6 「長城署檢擧事件 前後 廿名取調」, 『동아일보』, 1932.10.24.

7 「金鐘壽은 釋放 書類만 檢事局에」, 『동아일보』, 1932.10.26.

8 「長城서 活動 十餘名檢擧」, 『동아일보』, 1933.3.18.

9 「長城組合事件 今月末送局」, 『동아일보』, 1933.7.10.

10 이애숙, 「1920년대 광주지방의 청년·학생운동과 지역사회」, 『11·3광주학생독립운동의 발발배경』, 1999.10, 61쪽.

11 박흡, 「3·1절과 나—결혼을 추억하며」, 『전남일보』, 1957.2.23.

12 범대순, 「광주문학개화기 야화」, 『광주문학』, 2001 가을, 30쪽. "박흡이 만년에 중앙여고 서무과장을 한다든지 광주 고속의 경리과장을 한다든지 한 경력이 말하듯이 그가 고명한

『자유신문』에 "박증구 숙명여자전문학교 강사 인사차 내사"[13]는 숙명여전 강사(1948~1949) 경력을 증명한다. 한국전쟁이 발발하여 서울에 있는 대학들이 문을 닫게 되자 광주로 내려와 잠시 조선대학교에서 강사를 하기도 하였다.[14] 그 뒤 광주서중[15](1950~1952)에서 국어교사로 재직하였다. 한국전쟁 중이었기 때문에 문총구국대전남지대에서도 활동하였다. 전남지구전투사령부 정훈과에서 공모한 「20연대가」도 그의 작품이다.[16] 전쟁 중의 혼란한 시기에도 그는 『국어국문학요람』를 발간하였다. 『國語國文學要覽』은 인명, 서명, 가곡명, 작품명, 문학사, 문법, 국문학사, 국어국문학 전반에 걸친 중요항목을 망라하고 있어서 우리나라 최초의 국문학소사전이라고 할 수 있다.[17]

이후 1952년 10월 15일부터 광주고등학교로 발령을 받아 1955년까지 재직하였다.[18] 광주고등학교에 재직하면서부터는 문예부 학생들을 지도하기 시작하였다. 문예부 학생들뿐만 아니라 시인이 되고자 했던 학생들을 지도하였다.[19] 당시 광주고등학교에 강태열, 박봉우, 윤삼

고등학교 고대문 교사였고 시인이었음에도 불구하고 이름을 가진 동료들이 거개 전남대학 교수직으로 자리를 옮긴 마당에 그의 대학 졸업이 확인되지 않아 교직에서 물러나는 등"에도 나타나듯이 유학문제는 앞으로 확인해야 할 문제다. 일본으로 유학을 다녀온 것과 관련하여도 차후의 논의를 통하여 밝힐 것을 약속한다.

13 『자유신문』, 1947.2.20.

14 이해동, 「비운의 시인 고 박흡과 나」, 『광주문학』 봄, 광주광역시 문인협회, 2001, 24쪽.

15 "박흡씨 (…중략…) 고등학교로의 전직을 고집했고 광주서중에 태연 잔류하시는 씨는 연대와 조대에 강사로 나가신다고." 「문인동정」, 『新文學』 2, 1951.2, 77쪽. 『조대신문』 677호, 1997.10.1. 참조

16 『전남일보』, 1951.2.13.

17 광주서중 교지 참조.

18 "광주고등학교의 넓은 사택을 점유하더니 *愛花會*를 발기한다. 미국으로 꽃씨를 주문하다 (…중략…) 이제야 자연으로 돌아갈 모양?" 「문인꼬십」, 『新文學』 4, 1953.5, 159쪽.

19 문예부 학생들의 지도교사이기도 했다.(『광고』 3, 1954) 교지인 『광고』 2, 4, 5집에 그의

하, 주명영이 동인으로 활동하였던 『상록집』[20]과 정현웅, 김정옥, 박성룡, 강태열, 주명영, 박봉우가 동인으로 활동한 『영도』[21]가 있었는데 지도교사가 박흡이었다.[22] 박흡의 지도를 받았던 이들은 1950년대 후반부터 한국문단의 주역으로 성장하였다. 광주고등학교가 많은 문인을 배출한 것도 박흡이 다져놓은 초석 위에서였다. 이런 공적은 광주전남 문단에서 그를 빼놓고 논할 수 없게 한다. 박흡은 사실상 광주전남의 시문단을 이끈 핵심인물이다.

광주고등학교를 그만둔 뒤에는 광주중앙여중고의 서무과장을 맡아 실질적인 학교 운영을 맡았다. 1959년 12월 26일 학교법인 죽호학원이 설립인가를 받고 중앙여중고는 1960년 3월 개교했으니 학교를 운영[23]하기 전에는 고혈압과 당뇨병 때문에 입원과 퇴원을 거듭하면서 요양하였다. 약간의 정신병적인 증상까지 동반하고 있었던 것으로 추정되지만[24] 그것을 극복하고 학교의 설립과 운영을 도맡을 수 있었던

시가 실려 있다.

20 『常綠集』은 4인 시집으로 강태열, 박봉우, 윤삼하, 주명영이 광주고등학교에 재학 중에 만든 동인시집이다. 박흡이 서문을 썼다. 가르친 학생들이었던 연고로 서문을 쓴다고 밝히고 있다.

21 『영도』는 광주고등학교 학생들을 중심으로 발간한 동인지로 총 4권이 발간되었는데 2권이 박흡이 재직 중에 발간되었고 2권은 1966년도에 발간되었다. 박성룡, 김정옥, 정현웅, 주명영, 박봉우, 강태열이 창간동인들이다.

22 오덕렬, 「한국문학의 중심 '광고문학'」, 오덕렬의 블로그 참조.(오덕렬은 광주고등학교 교장으로 재직 중일 때 광고문학관을 개관하였으며 광주문인협회회장을 역임하였다.)

23 이해동, 앞의 책, 24쪽.(그러나 중앙여중고에는 그에 관한 기록이 없다. 학교설립 초기 행정을 도맡아 운영하였기 때문에 자신의 이력서나 발령일자 등이 굳이 필요하지 않았을 것으로 추정된다.)

24 이수복, 위의 글. ""제길 암컷을 보고 안 운다고만 저 성화니 돌지 않았는지 몰라." 손철씨의 이 말을 듣자 찰라 나는 뭐랄까 뒤통수에 무슨 강타같은 것을 받는 것 같았다. "암컷이라고 가르쳐 주구려" "그러면 곧이들을 것 같어? 금시라고 골을 울릴 것 같은디" 손철씨의 이 반문에 나는 어찌된 셈인지 고개를 끄덕이고 말었다."

것은 특유의 정직함과 책임감이 작용한 것으로 보인다.

박흡이 처음으로 문단에 이름을 낸 것은 1947년 5월 8일자 경향신문에 「젊은강사」를 발표하면서부터다. 고로 1950년 6월 『신천지』 47호에 「못」을 발표하면서부터 활동해 왔다는 동안의 논의는 수정되어야 한다. 이전에 이미 다수의 작품을 발표하였기 때문이다. 그가 본격적으로 활동을 한 것은 물론 광주에 정착한 뒤부터라고 할 수 있다. 동인활동이 그것을 말해준다. 1951년 2월 1일 창간한 『갈매기』[25]와 1951년 6월 1일 창립한 『新文學』의 창립동인이다.[26] 1952년 9월 5일 창간한 『시정신』 동인의 회원이며[27] 1953년 10월 5일 창립한 『시와산문』 동인의 창간동인[28]이다. 그리고 꾸준히 동인활동을 하였다. 백완기는 「전남문단의 정화」라는 글을 통해서 "전남문단을 질서 잡아 그 대표적인 중심역할을 해오던 것이 『신문학』과 『시정신』이 아니던가한다. 이에 대해서는 일찍이 중앙문단에서도 평가한 바"있는 것처럼 그의 활동은 광주전남 시문단의 토대가 형성에 기여한 것이다.

---

25 1951년 2월 1일 창립한 『갈매기』의 창립회원은 조희관, 이가영, 장병준, 백상건, 이진모, 장덕, 김방한, 차범석이며 4호까지 발간되었다. 이것은 한국전쟁 발발 이후 모든 출판계를 통틀어 최초의 월간지이며 피난 온 문인들의 작품 발표의 장이 되었다.

26 1951년 6월1일 창립한 『신문학』의 창립회원은 김현승, 장용건, 박흡, 손철, 이동주, 백완기, 승지행, 고문석이며, 광주를 중심으로 활동하였다. 『신문학』은 1953년 5월 4호까지 발행되었다.

27 1952년 9월 5일 창립한 『시정신』은 시전문지로 광주와 목포에 거주하는 문인들이 중심이 되어 결성되었다. 창립회원으로 김현승, 서정주, 이동주, 박흡, 손철, 장용건으로 5집까지 발간되었다. 5백 부 한정판으로 1952년 9월 5일 창간된 『시정신』은 1954년 6월에 2집, 1955년 5월 1일에 3집, 1956년 9월 19일에 4집, 1966년 2월 10일 5집을 끝으로 중단되었다.

28 1953년 10월 5일 창립한 『시와산문』의 창립회원은 전남에서는 김현승, 박흡, 이동주, 박정온, 김악, 이석봉이며, 전북에서는 이병기, 신석정, 서정주, 김해강, 백양촌이다. 창립당시 박정온이 전남의 회장을, 신석정은 전북의 회장을 맡았다.

그는 중앙의 문인들과 교류도 활발했다. "김동리씨로부터 박흡씨에게 수교토록 부쳐온 책자를 전해주려고 자택으로 찾아갔다"거나 "김동리씨가 우송하여온 손소희여사의 장편소설 『태양의 계곡』과 창작집 『창포필 무렵』을 전해주었다는 것, 『예술세계』를 가져다 주러 갔다"는 것, 그리고 "『예술학보』를 전해 준 것"[29] 등은 지역에 뿌리내린 그의 문학적 위상을 확인해 주는 것이다.

한편 광주전남문단을 이끌었던 김현승과 박흡은 1950년대 중반부터 사이가 좋지 않았다.[30] "김현승과 박흡은 서로 맞지 않아 심히 싸웠다는 애기를 들은 적이 있는데 그 원인은 잘 모른다"[31] 고 적고 있다. 하지만 사건의 정황은 "1950년대 중엽 광주 충장로 노벨다방 계단에서 김현승 선생이 박흡 선생의 불알을 걷어 찬 사건은 박흡이 입원하고 고소하는 등 법정으로까지 비화"[32] 되면서부터였다. "조영암의 제일차 하와이 사건을 항의하기 위한 모임의 주도권 다툼이 있었다. 약속한 회의 시간에 김현승이 나타나지 않자 부득이 그가 없는 자리에서 결의를 하게 되었는데 그 모임의 대표에 박흡이 선임되었다. 이후 김현승은 그 모임을 거부하였다. 그리고 그들과 반목이 시작된 것이다"[33] "김현승과 박흡은 라이벌 의식이 작용하고 대립되고 사이가 좋지 않았다. 반목이

29 이수복, 앞의 글, 『현대문학』, 1963.1.

30 김광일, 「대쪽보다 더 단단했던 대추씨 선생」, 『김현승시논평집』, 숭실대 출판부, 2007, 367쪽.

31 박정온, 「해방공간－6·25 전후의 광주·목포문인들」, 『광주전남문학동인사』, 한림, 2005.

32 범대순, 「광주문학 개화기 야화」, 『광주문학』 가을, 광주광역시문인협회, 2001, 28쪽.

33 위의 글, 28쪽. 범대순은 이 글을 통해 비교적 당대의 광주문단의 분위기를 자세하게 설명하고 있는데 대체적으로 당시의 광주문단은 반 김현승 정서가 팽배했던 것으로 적고 있다.

깊어 서로 외면까지 하였"[34]고, 김현승은 숭실대학교로 자리를 옮겨 서울로 떠났고, 박흡은 광주에 남아 순천의 허의영, 김해석, 최연선, 문도채, 황금연 등과 꾸준히 문학 간담회[35]를 갖는 등 후배들을 길러냈다.

그의 외모와 성격은 "작달막한 키, 오동포동한 체구에 조금 무뚝뚝한 편이어서 남들은 사귀기가 어렵다고 하였으나 사귀면 사귈수록 동심어리고 순진하였다. 박시인은 애환 소조를 사랑했고 선인장 수집에 열을 올리고 있음을 살펴보아도 그는 결코 거만하거나 자아에 빠지지 않"[36]는 "개방적이고 소탈한 성미인데다 술도 좋아하는 편이어서 누구와도 잘 어울렸고 대하기가 수월"[37]한 사람이었다. 특히 박흡은 화초 기르는 것에 남다른 애정을 갖고 있었다. 그가 화단을 가꾸고 화초를 기르는 것은 시인들 사이에서 유명했다.[38] 그가 쓴 산문에서도 화초 가꾸기에 얼마나 많은 정열을 쏟았는지 확인된다.[39] 그러나 박흡은 광주중앙여고 서무과장으로 재직 중이던 1962년 10월 17일 자살로 생을 마감 하였다.[40] "심신이 망가질 대로 망가져 자살로 생을 마감한 비운

---

34 이해동, 앞의 책, 25쪽. 일설에는 박흡과 사이가 좋지 않아 서울로 가버렸다는 말이 들리기도 한다. 김현승은 1960년에 서울로 이주하여 숭실대에서 교수로 재직하였다.

35 전남문학백년사업추진위원회, 『전남문학변천사』, 한림, 1997, 151쪽.

36 이해동, 앞의 책, 25쪽.

37 박정온, 앞의 글.

38 각주 2 참조. 「문인꼬십」, 『신문학』 4. 신문학사, 1953.

39 박흡, 「나와 花草」, 『시와산문－호남 11인집』, 항도출판사, 1953, 60~61쪽.

40 이수복의 앞의 글과 범대순, 이해동의 글을 통해서 그가 죽음을 선택한 이유를 조금이나마 추정할 수 있다.(범대순은 이렇게 말하고 있다. "1950년대 광주에서 가장 주목받은 여자에 이석봉이 있었는데 박흡 선생의 아내였다. 전남여중의 국어 선생으로 날카로운 눈, 미모와 지성을 갖춘 젊음, 광주의 지성인들은 그를 눈여겨 보지 않은 사람이 없었다. 이석봉의 주변에는 끊임없이 스캔들이 따라다녔다. 박흡의 자살 원인이 아내의 스캔들 때문이라는 생각 때문에 박흡의 친구들의 분노는 상주인 이석봉을 규탄하는 분위기였다." 「광주문학개화기 야화」, 『광주문학』, 2001 가을, 29쪽)("서무과장직을 맡아 실질적

의 시인"[41]이다. 아래는 이수복의 「박흡씨가 자살하기까지」[42]라는 글에 실린 유서 전문이다.

> 생각한 나머지 이 길을 택하기로 했습니다. 생에 대한 극도의 허무감과 재기 난망의 병고와 모든 것에 대한 의욕 상실 — 생활에 대한 염증과 여러 가지 고통에서 오는 염세증세에서 자살을 택하게 되었습니다. 그리고 지금 내가 산다는 것보다는 죽는다는 것이 괴로움이 적기 때문에 저는 가는 것입니다.[43]

손광은은 "시인이 가고 나니 문단을 이끌었어도 연구된 것이 없다. 후손들과 연락 닿는 사람도 없다. 손철 선생과 친하게 지냈는데 손철 선생도 작년에 돌아가셨다. 친분이 있었던 사람들에게 연락을 해 보았으나 유족을 아는 이는 아무도 없다"[44]며 관심부족에 대한 아쉬움을 토로했다. 1950년대 광주전남문단을 활발하게 이끌었던 박흡이 남긴 것이라

인 운영을 하였다. 그런데 웬일인지 이 때부터 부인과의 사이가 더욱 악화되어 부인은 보성여중으로 옮기게 되고 별거까지 하게 되었다." 이해동, 「비운의 시인 고 박흡과 나」, 『광주문학』 봄, 2001, 24쪽)

41 이해동, 앞의 글, 24쪽.

42 이수복, 「박흡씨가 자살하기까지」, 『현대문학』, 1963.9, 290~293쪽.

43 박흡의 아내였던 이석봉의 소설 『화장장에서』는 박흡의 유서가 그대로 인용되어 있다. 작품 속 주인공의 남편의 유서로 등장한다. 소설 속의 부부는 박흡과 이석봉 부부의 모습을 그대로 보여주고 있다고 해도 과언이 아닐 정도다. 이석봉의 자전소설이나 다름없어 보인다. 부부가 별거 중에 있다거나 자살했다거나 하는 것 등이 박흡과 이석봉 부부의 모습이기 때문이다. 『화장장에서』, 성문각, 1966, 15쪽.

44 손광은의 회고, 학술발표회(2010.10.20)에서는 아들 두 명이 있는 것으로 전해지지만 유족들의 단서를 찾지 못하였다고 적었으나 이후 박흡의 큰아들인 박영을 만났다. 박영을 만날 수 있었던 것은 박흡의 숙명여전 제자이자 이석봉의 후배인 추은희 시인을 통해서였다. 시인 추은희는 청주대 교수를 지냈으며 박흡과 이석봉의 연예편지를 전달하는 역할을 하였다.

고는 그때 썼던 작품들뿐이다. 박흡에 관해서는 "김현승과 박흡은 후학을 가르치는 한편 창작열이 뛰어나 광주문단에 활력을 불어넣었다. 그리하여 광주에 문단을 형성시킨 계기를 만들었으며 문학인의 배출에 끼친 영향"[45]이 컸다는 것뿐이다. 김현승과 나란히 광주문단을 이끌었다는 기술 외에 구체적인 업적을 밝히지 못하고 있다. 박흡이 일찍 사망했고 작품집 한 권 없는 것이 원인이겠지만 그동안 중앙중심의 연구에 집중한 것이 주요인이라는 점에서 지역문학연구의 절실성이 요구된다.[46]

---

45 광주광역시 홈페이지 참조.

46 "아직도 그의 유작집 발행이나 시비도 세워지지 못했다. 그의 묘소도 공동묘지 이장으로 어디에 있는지 확인이 되지 않고 있다." 이해동, 「나의회고록」, 『전남문단』 8집, 227쪽. (그러나 박흡의 아들 박영은 "아버지의 묘소는 장성의 선산에 모셔져 있다. 해년마다 벌초를 하고 성묘를 다니고 있다"고 했다. 필자는 이 소식을 알리기 위해 최근 이해동 시인의 장남이자 전남대 경제학부 교수를 지낸 이정구 댁에 연락을 취한바 이해동 시인도 몇 년 전에 사망하였다고 한다. 박흡 시인에 대한 애정을 여러 편의 글로 남긴 이해동 시인에게 소식을 전할 수 없어 안타까웠다.)

이해동, 「비운의 시인 고 박흡과 나」, 25~26쪽. 이해동은 다음과 같이 그를 추모하고 있다. "수리일 수가 없고 / 제비처럼 날 수 없어 / 후미진 곳서 외롭게 살다 / 피 토해 가버린 산비둘기여 // 도깨비술 소주보다 / 텁텁한 막걸 리가 서로 좋아서 / 바지가랑이는 얼룩이 져도 / 우리들의 거리는 멋이 넘쳤네 / 그치들은 때묻은 과거를 변신하고 / 그치들은 자리에 현혹되고 / 그치들은 실없이 날뛰고 / 그치들은 잘난 체 하고 / 그치들의 시는 염통에서가 아닌 / 손재주로 쓰던 무리들 / 우리들은 빛보다 멋진 멋에 / 자유로운 날개를 활짝 펴 / 속박으로부터 해방돼 / 술잔은 넘쳐 흘렀지 // 그 때 자네는 가르치는 스승이었지 / 잉꼬 문조 십자매 등을 길렀고 / 용설란 백년초 등 선인장을 벗 삼었지 / 내사 살직으로 장서들을 팔아 / 끼니를 이어가는 가난뱅이였으나 / 우리들은 누구의 노예가 될 수 없었고 / 황야의 백합화이고자 했었지 // 이제 나는 홀로일세 자네가 남기고 / 간 〈지하순금〉은 자취를 감추고 / 두들기면 메아리치는 〈종소리〉도 멀며 / 〈동해〉는 시름에 절어 있고 / 가까운 황룡강을 울먹이며 / 자네가 없는 술거리는 쓸쓸할 뿐 // 허공에 사라진 스승이여 / 물거품이 된 가르침이여 // 세상 온통 시비투성인데 / 허무한 사랑, 동호에게 채여 / 잡초 속에 묻힌 한이여 / 춥고 스산한 겨울바람에 / 외롭게 떠난 산비둘기여 / 술잔을 들어도 텅텅 빈 정 / 이 사람아 꼴들이 보기싫어도 / 나를 보고 참고 견디었어야지 // 빅톨 유고는 말했다네 / 인생은 사형선고 유예기간이라고 / 세파가 사나운 것 뻔한 일이지 / 예끼, 지지리 못난 사람아 / 그래 귀한 목숨을 버리다니 // 아아! 허무했던 스승이여 / 비운의 시인아, 자네를 / 어디서 찾을건가 / 비록 시비사 없다해도 / 내 뜨거운 가슴 속에 새겨두리 // 고이 고이 잠드소서."(「외로운 산비둘기—고 박흡을 추도하면

이상을 다시 정리하자면 박흡은 항일운동가이자 교육자였으며 행정가였고 시인이었다. 그의 시적 성과와 광주전남의 문단에 기여한 공로는 간과할 수 없는 것임에도 불구하고 그가 자살로 생을 마감한 뒤 시적 성과는 사장되어 왔다. 지역의 특수성이 작용한 결과일지도 모르지만 그를 호명하는 일은 기형적인 지역문단사를 재정립하는 일이기도 하다.

따라서 발굴한 시 73편과 평론과 산문을 종합하면서 그의 시적 성과를 밝히고자 한다.[47] 본고는 박흡의 시에 관한 최초의 연구보고서로서 광주전남문단 연구를 위한 토대를 마련하고 그의 작품에 대한 연구를 본격화할 수 있을 것으로 기대한다.

2. 박흡의 시에 나타난 죽음의식

1) 현실초월로서의 죽음

박흡의 생애를 통해 확인하였듯이 그의 삶은 결코 단순하지 않다. 이리농림중 시절부터 시작한 항일운동과 일경에 검거와 구금, 대학강사와 중고등학교의 교사, 서무과장 등의 이력은 단편적이지 않은 삶을 대변

서」 전문)(이해동, 『나의 태양』, 죽순문학사, 1983, 129~132쪽)

47 학술대회에서 논문을 발표할 때는 시 32편이 대상이었으나 이후 발굴한 작품을 더 하니 73편이 되었다. 작품이 더 발굴될 여지가 없는 것은 아니지만 전 작품일 것으로 확신한다.

한다. 다양한 이력만큼이나 삶 또한 고비를 넘겼을 터이다. 특히 항일운동과정에서 겪었을 고초는 존재에 대한 끊임없는 물음으로 이어졌을 것으로 추정된다. 그의 시 세계가 '죽음'으로 일관하고 있기 때문이다.

> 물이 충충해서가 아니라 바닥이 안보이는 것은 너무 깊어서 입니다.
> 물결이 거츨어서가 아니라 푸른 하늘이 안보이는 것은 구름이 끼어서입니다.
> 내가 사는 이 못이 비록 좁기는 하나
> 이끼 낀 돌틈마다 오랜 이야기를 지닌 늙은 고기들이 살고
> 三年 가믐에도 오히려 마를 줄을 모르는
> 五天年 歲月을 거느린 묵은 못입니다.
> 구름 걷히면 해와 달이 이 안에 뜨고
> 바람 자면 숲과 山岳이 이 안에 펼쳐질 것입니다.
> 먹 같은 어둠이 萬象을 삼키는 그믐 밤에도
> 보십시오, 못은 구슬 같이 화안히 빛나지 않습니까
> 季節 따라 철없는 候鳥들이 자주 자리를 더럽힐 지라도
> 당신과 나는
> 이 위에 아름다운 무늬 그리며 여기 삽시다.
>
> —박흡, 「못」[48]

광주서중에서 국어교사로 재직 중일 때 썼던 시로 추정되는 「못」은

48 박흡, 『신천지』 47, 1950.6.

그의 대표작으로 인식될 만큼 강한 인상을 남긴 작품이다. 이 시를 쓸 무렵은 제자 이석봉과 15살의 나이차를 극복하고 신혼생활을 시작할 때였다. "나는 삼십보다 불혹에 가까운 어느 나이에 비로소 결혼을 할 때 그날을 3월 1일로 택했던 것이다."[49] 어린 제자와 3월 1일 결혼식을 하고 6월에 발표하였다. 세상 만물, 모든 것들이 아름답게 보이던 때 쓰고 발표했기 때문에 충만한 자의식이 그대로 드러나고 있다.

이 시는 '나무꾼과 선녀'라는 우리들의 오랜 이야기가 담겨 있다. 정겨움을 이끌고 있는 시의 화자가 '못'이다. "오천 년 세월을 거느린 묵은 못"으로 "오랜 이야기"를 지닌 따뜻한 공간이다. 해와 달과 숲과 산악이 머무는 공간이자 "어둠이 만상을 삼키는 그믐 밤"에도 빛나는 공간이다. 이것은 원형의 공간, 생명 창조의 공간을 의미한다. 순진한 물 위에 "아름다운 무늬"를 그리며 살고픈 희망의 공간이기 때문에 "철없는 후조들이" 순진한 물의 원형을 파괴할지라도 파괴되지 않는다. "당신"과 "나"가 그리는 '아름다운 무늬'는 사랑이 충만한 가정인 '못'에서 만들어진다는 것을 의미화하고 있다. 그러나 이 시처럼 삶에의 충만과 희망을 그리는 시는 찾기 어렵다.

아아 사랑하는 나의 늪이여! 길이 福되어라
물은 가득차 사철 넘실거리고 끊임 없이 흘러
넓은 들과 목마른 마을을 구비 돌아
五穀을 豊登케 하며 많은 福을 베풀어라

49 박흡, 「3・1절과 나―결혼을 추억하며」, 『전남일보』, 1957.2.23.

그속에 사는 魚별은 다양하게 번식하여
물줄기 따라 다섯 뭍과 일곱바다에 충만하라
내 오랜 나의 세월을 다 셈한 後
이 자리에 말없이 쓰러지는 날에는
아무도 몰래 네 城 아래 이름 없이 고요히 누우리라

—박흡, 「말뚝의 노래」 부분[50]

가축을 묶어 놓기 위해 튼실한 나무를 땅에 박아 놓은 막대기가 '말뚝'이다. 박힌 말뚝은누군가 뽑아주지 않으면 그 자리가 죽음의 자리다. 그러므로 '말뚝'은 늘 누군가를 위해 기다리는 화자이다. '말뚝'이 깊은 땅속의 오대양 육대주를 엿보면서 "말없이 쓰러지는 날"에 "네 성 아래 이름 없이 고요히 누우리라"고 천명한다. 한 자리에서 떠나지도 못하고 온몸으로 맞이하겠다는 것인데 그것은 바로 죽음이다.

사실 이 시는 해군 목포경비부 정훈실에서 대외정훈 공작을 위하여 발간한 『갈매기』의 창간호에 실려 있는 시이다. 해군 목포경비부 정훈실에서는 정훈공작을 위한 『전우』와 『갈매기』를 발행하였는데 『전우』는 주간지이고 『갈매기』는 월간지이다. 『전우』는 대내 공작활동으로 출발하였으나 경비난으로 13호 이후에는 민간으로 이관하였고[51] 『갈매기』는 4호로 종간되었다. 그것의 발간 배경에는 "재목포, 재광주 문화인의 정신무장으로 현하성전을 완수코저 총탄에 보행하여 필봉으로 총진군을 개시"[52]하기 위한 것이었지만 문학인들의 작품 발표의

50 박흡, 「말뚝의 노래」, 『갈매기』 창간호, 1951.2.
51 해군목포경비부 정훈과, 『해군목포경비부 연혁사』, 1952.12.31, 191쪽.

장[53]이 되었다. 따라서 6·25한국전쟁이 한창이던 때 쓴 시이라는 점을 감안하면 '말뚝'의 의미는 더 명징해진다.

이렇게 삶과 죽음을 넘나들 수밖에 없는 외적 조건의 영향도 컸지만 그의 시는 죽음에 대한 물음으로 일관된다. 여러 편의 글을 통해서도 확인되듯이 어쩌면 죽음은 현실과 타협할 수 없었던 그의 생리적 기질이었는지도 모른다. 다음은 그가 쓴 글의 일부이다.

> 이 해에는 더욱 救靈問題에 오로지 마음을 쓰려고 합니다. 사람이란 언제 죽을지 모르니까 죽음에 대한 마음의 준비를 갖추어 언제든지 당황하지 않을 차비를 하고 있어야겠습니다. 그리고 날이 따뜻해지면 저자에 나가 板한 번을 사서 알뜰한 목수에게 부탁하여 관을 하나 짜두려합니다. 이것을 내방에 놓고 책상삼아 쓰면서 친숙해 두었다가 세상을 졸업하는 날 변없는 아내나 철부지 어린것들이 이런일로 당황하지 않도록 대수택(手澤)으로 빛나는 이 침실을 쓰게하고 싶습니다.[54]

이 글에서 비가시의 세계인 영혼과 '죽음'을 대하는 자세를 읽을 수 있다. "언제 죽을지 모르니까 죽음에 대한 마음의 준비"를 해 놓기 위하여 "관"을 짜두고 죽음과 친근하게 지내고 싶다는 것에서 죽음과의 친근성을 볼 수 있다. 인간에게 죽음은 쉽게 정리할 수 없는 문제다. 고대

52 위의 책, 173~174쪽.

53 『갈매기』 창간호 외에는 아직 서지를 확인하지 못하였다. 창간호에는 조희관, 김현승, 장병준, 목일신, 이수복, 박흡, 정송해, 차범석, 김해석, 이가형 등 참여하고 있는 것을 통해서 문예지 성격을 띠고 있음은 확인된다.

54 박흡, 「새해설문」, 『전남일보』, 1957.1.24.

로부터 서양의 정신사에서도 죽음에 관한 철학적 논의는 끊임없이 이어지고 있다. 죽음은 영혼과 육체의 분리요, 꿈 없는 잠이요, 모든 감각의 상실이며, 형벌이자 은혜요 구원이다 등등을 명제는 여전히 유효하다. 또한 삶의 진정한 목적이 죽음이며, 죽음과 종교의 문제를 넘는 생사불이며, 주관성의 파괴이자 타자와의 관계를 맺어주는 근원적 조건이라는 명제 역시도 죽음에 대한 물음이다.

박흡 역시 삶과 죽음에 대한 끊임없는 질문을 통해 실존적 위치 찾기를 하고 있었던 듯하다. 위 글에서 보여주는 것처럼 삶과 죽음은 하나라는 생사일여의 세계관을 견지하고 있기 때문이다. 다음의 시는 박흡이 네 번째로 발표한 작품이다.

죽음은 오직 나 하나의 財産
내게 아직도 죽음이 남아 잇는 恍惚함이어

봄날 가티 노지근한 絶望 속에
믿업는 떨어지듯 외로울때

三從 氷獄에 쓰러져
임의 이름 목매어 부를때

삶의 가시덤불에 피투성이되어 허덕일때
그리고 내 가슴의 森林에서 비둘기 때가 날아갈 때

죽음은 화려한 新婦인양 나를 손짓하나네
언제고 마음 노코 그 품안에 발 씨들(?) 수 있는 기쁨이어

—죽음은 사나운 짐승처럼
서럼조차 마구 먹어버린다—

이 지친 육신이 갈 곳은 오직 한 개 무덤 뿐
눈 감으면 성지처럼 무리속에 떠오르나니

어둠 속에 서늘한 光 화안히 빗나는 구슬처럼
죽음은 내 가슴에 보배로워라

모든 사람들 그를 실허하고 그를 미워하고
逃避니 卑怯이니 욕하더마마는

죽음은 나의 希望
무덤은 나의 宮殿

삼키기 아까운 果實처럼
내 아껴 죽음을 품다

—「죽음頌」[55]

55 박중구, 『평화일보』, 1948.8.7.

민족, 국가, 공동체마다 그 안에서도 받아들이는 죽음은 저 마다 다르다. 개개인 역시 죽음을 인식하고 받아들이는 방식이 다를 수밖에 없다. 삶의 목적이 죽음이라던 쇼펜하우어나 죽음은 개개인의 가장 고유한 가능성이라고 한 하이데거의 철학적 논의는 이 시에서 유효하게 작용한다. "죽음은 오직 나 하나의 財產"이라거나 "내게 아직도 죽음이 남아 잇는 恍惚함이어"에 드러나듯이 죽음은 절망적이지도 비극적이지도 않다. 다만 특정한 때인 "외로울때" "임의 이름 목매어 부를때" "허덕일때" "내 가슴의 森林에서 비둘기 때가 날아갈 때"만 죽음이 "화려한 신부인양 손짓"한다. "무덤"은 "성지"이며 "죽음"은 "내 가슴에 보배"이기 때문에 현실도피의 공간은 아니다. 모든 사람들이 미워하고 "도피"와 "비겁"이라고 욕할지라도 "죽음은 希望"이며 "무덤은 宮殿"으로 담담한 관조의 눈으로 바라보는 세계일뿐이다. 마지막 행에서 표출하고 있는 바처럼 인간은 "죽음을 품"고 사는 존재로 화자의 시선은 이미 '죽음'의 기표를 초월하고 있다. '죽음'의 기표가 생산해내는 일차적 의미의 죽음이 아니라, 기의 속으로 미끄러져 들어가 삶을 초월하고 있는 것이다. 시의 제목에까지 '죽음'을 명시적으로 드러내고 있는 점에서 죽음의식의 단면을 볼 수 있다. 다음의 시도 그 연장선상에 놓인다.

> 오랜 歲月 거느렸던 생명의 마지막 날
> 운명들은 靈柩車를 타고
> 喪輿를 타고
> 屍體와 함께 그들의 마지막 儀式場으로 간다

그토록 모질던 그들의 營爲가
기껏 여기 이르는
한 낱 어설픈 과정이 었음에
幸福했던 運命
불행했던 運命
다 같이 마조 보고 껄껄대고 웃는 곳

이제 한 줌 재 밖에
보채 일 아무것도 없으매
제 스스로도 무슨 뜻 있는지 모르는
싱거운 광대짓 다 마치고
煙氣처럼 運命들도 여기 싀어지다

—「火葬場」[56] 우리문원, 1950.2.

앞의 시가 「죽음송」이었고 위 시의 제목은 「화장장」이다. 두 편의 시 모두가 '죽음'으로부터 비롯된 사유의 표상들이다. 죽음을 정리하는 마지막 공간인 '화장장'을 시의 소재로 삼고 있다는 점은 특이하다. 늘 죽음과 친근했던 박흡만이 가능한 시다. 이승의 마지막 시간을 보내는 '화장장'은 가장 슬픈 공간일 터이다. 그런데 "다 같이 마조 보고 껄껄대고 웃는 곳"으로 설정되어 있다. "행복했던 운명"과 "불행했던 운명"의 비극적인 교차조차도 서로를 향해 웃고 있다. 죽음은 죽음이 아닌 것으로

56 귀산, 「火葬場」, 『우리문원』, 1950.2.

받아들이고 있다는 것이다. 그렇기 때문에 화장장에서 한 줌 가루가 되어 사라질 육체는 "싱거운 광대짓"에 지나지 않는다. 곧 연기처럼 사라질 운명의 삶이 아니라 살아있으되 죽었으며, 죽었으되 살아있다는 것이다. 삶과 죽음의 문제는 영원한 물음이다. 또한 무한한 사유의 가능성이다. 하지만 죽음을 삶으로 받아들이는 것은 쉽지 않다. 그런 점에서 본다면 박흡에게 죽음은 현실을 초월하고자 하는 의지의 세계이다.

첫날밤 잠든 아내의 모습에서 "비바람에 바래진 / 하얀 백골"(「초야부」)[57]을 보는 것이나 "내가 눈감는 어느 날이 오면 / 그대들은 어디서 이름이나 외어라"(「졸업식에」)[58]는 것도 죽음과 함께 사는 것의 다름 아니다. 그래서 죽음은 두려움과 공포, 절망이거나 도피가 아니라 삶과 공존하는 세계이고 삶을 초월하고자 하는 의지의 표상일 뿐이다. 박흡의 시에는 이처럼 여러 편에 걸쳐 죽음이 표상되고 있다. 이것은 그만의 독특한 시 세계를 구축하게 하는 동력으로 작동하고 있는 것으로 보인다.

2) 구원으로서의 죽음

시를 쓴다는 것은 존재와의 쉼 없는 대화이다. 대화의 결과들이 시라는 이름으로 조우하기까지 시인의 의식과 무의식은 보이지 않는 힘으로 작동한다. 불확실한 것에 대한 확신, 비가시의 가시화 역시 시어에 노출되어 있다. 박흡의 시에 죽음과 연관된 시어가 유독 많은 이유는

57 박흡, 「初夜賦」, 『주간서울』, 1950.5.15.
58 박흡, 『호남신문』, 1954.3.15.

죽음과 대면했던 체험에서 비롯된 것일 가능성이 농후하다. '죽음'과 관련한 시가 주조를 이룬다는 점과 죽음에 관한 산문에서도 그 흔적들이 발견되기 때문이다. 그는 일찍이 죽음에 대해 일종의 매혹을 느끼고 있었고 그것을 구원의 대상으로 삼고 있었는지도 모른다. "기만과 변절과 위선과 교활과 교만과 독선과 권모와 술수와 폭력과 뱃장과 잔인과, 그리고 불타는 복수심 —"이 아니면 "뭇 사람의 사나운 돌맹이에 쓰러지게 하소서"(「역도 」[59])에서 확인된다.

박흡의 시는 후기시로 갈수록 신에 대한 간절한 기도로 바쳐지고 있다. '관을 사서 목수에게 관을 짜서 방에 두겠다'는 것은 공간으로 이동의 차원을 넘어선다. "나의 참회가 끝나도록 때를 주시는 하느님의 엄한 인자 속에서"(「새해에」[60])라든가 "너는 왜 인광처럼 비벼도 비벼도 꺼지지 않고" "나를 분열시키는 못난 유물!"(「악의 초단」[61])이냐고 소리치는 것도 구원의 문제와 맞물려 있다. 그에게 죽음은 절대자에게 가는 하나의 과정, 일종의 의례에 불과할 뿐이다. 논의를 위하여 다음의 시를 먼저 살피보기로 한다.

> —사람을 가르치는 게 자꾸 두려워진다.
> —이렇게 살고 있는게 부끄럽기만 하다
>
> 붙잡을 곳 없는 공허한 심정이다

59 박흡, 「逆禱」, 『현대문학』, 1959.4.
60 박흡, 「새해에」, 『호남신문』, 1955.1.8.
61 박흡, 「惡의 初段」, 『현대문학』, 1959.10.

쭉정이처럼 살아 온 내 육신을
날려 버릴 듯 가을 바람이 분다
그렇다 毛冠 있는 씨앗처럼
어디론지 날아 가 버리고 싶다

항상 뇌이는 말
—꾀만은 가르치지 말자고, 자탄처럼 되뇌이며
五分의 시간을 아껴 즐긴다

—박흡, 「休息시간에」 부분[62]

교사로서의 고뇌와 책임감을 담겨있는 시다. 박흡이 교사였기 때문에 가능한 시적 언술이다. 교사로서의 책임감과 의무감이 교차하고 있지만 좀 더 깊이 들어가 보면 존재에 대한 물음의 연장임을 알 수 있다. "—사람을 가르치는 게 자꾸 두려워 진다. / —이렇게 살고 있는게 부끄럽기만 하다"와 "—꾀만은 가르치지 말자"에서 확인된다. 가르치는 일의 중요성과 교사로서의 양심은 한마디로 "꾀"라고 하는 시어에 모두 담겨있다. 이것은 화자 자신에게, 그리고 다른 교사들에게 던지는 채찍이기도 하다.

존재에 대한 물음은 구체적으로 '죽음'의 기표로 변전 된다. "모관 있는 씨앗처럼 / 어디론지 날아 가 버리고 싶다"거나 "내가 부끄러워 깊은 껍질 속에 / 뚜껑을 덮고 숨어 사오 // 자지라지고도 싶습니다만 /

62 박흡, 『光高』 2, 1953.3.25.

타고난 목숨이야 어이합니까"(「우렁」[63])나 "몇 잔 술에도 저를 잃어 버리는 / 육신이란 얼마나 시푼 것이냐"(「자세」[64])도 죽음이 깊게 내면화되고 있음을 보여준다.

책상위에 있는 반들반들 칠한 해골을 들고서 어루만졌다[65]는 것과 「조선순교사」[66]나 「조선순교복사열전」을 일독[67]한다는 것을 보면 죽음이 공포의 대상은 아니고 그리스교적인 원죄의식과 닿아있는 것으로 보아야 할 것이다. 시에도 원죄와 구원의 문제가 그대로 표출되고 있다. 그가 탐독했다는 책을 보면 가톨릭에 가까워 보이나 어떤 종교인가 보다 시가 절대자를 향하고 있다는 점이 중요하다.

> 이 해에는 더욱 救靈問題에 오로지 마음을 쓰려고 합니다. 사람이란 언제 죽을지 모르니까 죽음에 대한 마음의 준비를 갖추어 언제든지 당황하지 않을 차비를 하고 있어야겠습니다. 그리고 날이 따뜻해지면 저자에 나가 板한번을 사서 알뜰한 목수에게 부탁하여 관을 하나 짜두려합니다. 이것을 내방에 놓고 책상삼아쓰면서 친숙해 두었다가 세상을 졸업하는날 변없는 아내나 철부지어린것들이 이런일로 당황하지 않도록 대수택(手澤)으로 빛나는

63 박흡, 「우렁」, 『시와산문-호남 11인집』, 항도출판사, 1952.

64 박흡, 「姿勢」, 『현대문학』, 1957.4.

65 이해동, 앞의 글, 25쪽.

66 1944년 일본 오사카(大阪)에서 일본어로 간행된 조선의 순교사. 저자는 일본인 신부 우라까와 와사부로(浦川和三郞). 판형은 국판(菊版). 면수는 811면. 1592년에서 1846년까지, 즉 임진왜란(壬辰倭亂)에서 김대건(金大建) 신부 순교까지의 내용을 담고 있다. 서에는 조선인의 순교정신 현양과 내선일체(內鮮一體)라는 저술동기가 밝혀져 있고, 7장(章)으로 된 본문에는 조선 순교사가 서술되어 있으며, 끝으로 권말에는 79위 순교복자의 분류표와 정하상(丁夏祥)의 『상재상서(上宰相書)』가 역술, 수록되어 있다.

67 박흡, 「새해설문」, 『전남일보』, 1957.1.24.

이침실을 쓰게하고 싶습니다.[68]

위의 글에서 명시적으로 표현하고 있듯이 '구원문제'와 '죽음'은 같은 계열에 놓여있다. 구원과 죽음의 동일성은 '죽음'을 푸는 단초를 제공하고 있는 셈이다. 구체적으로 시로 승화되어 나타난다.

原罪 때에도 마련하지 못한 것을
언제부터 쓰게 되었다

이 속에서 사람들은 다만 動物보다 複雜해진다
그리고 冠을 쓴 원숭이보다 우수워진다

스스로 지은 自僞의 그릇 앞에
祭司長처럼 은근하다

年齡이란 冠을 섬기기 위하여
소중한 것 같다

하느님은 이것 때문에 확실히
人間을 덜 사랑하시는지도 모른다

68 『전남일보』, 1958.1.24.

아무도 없는 자리에선 허물처럼 冠을 벗고
사람들은 저로 돌아간다

—박흡, 「冠」[69]

그리스도교적 세계관에 의하면 '원죄'는 모든 인간이 갖고 태어난 것이다. 인간은 '원죄 때'도 갖지 않았던 '관'까지 쓰고 "원숭이 보다" 못한 모습을 하고 있는 존재로 표상한다. 만물의 영장이라는 인간존재의 닫힌 얼굴을 형상화하는 것인데 허위와 과장, 체면이나 겉치레로 포장된 가면을 '관'으로 설정하고 있다. '관'은 "동물보다 복잡"한 인간 내면을 폭로하는 기표로 작동하면서 자아를 잃어버린 '관'은 원죄보다 무서운 기표가 된다. 자아를 잃어버리고 사는 것은 "인간을 덜 사랑할지도 모른다"는 두려움을 파생하고 '관'을 버리고 원래의 "저"로 돌아갈 때라야 절대자인 "하느님"을 만날 수 있다는 것으로 확장된다. 하느님이 원하는 인간으로 사는 것이 그가 살고자 하는 절대선이었다면 죽음 그것의 연장이 된다.

아무도 믿어지지 않고
아무 것도 믿을 것이 없다
(…중략…)
진실한 것
영원한 것

69 박흡, 「冠」, 『新文學』 2, 1951.12.

그리고 마지막 부딪히는 神이
星座처럼 스물대는 이 位置에서
다시는 어느 邊涯 風磨한 고독일지라도
나는 외롭지 못하리라

—박흡, 「運河」 부분[70]

"진실한 것 / 영원한 것 / 그리고 마지막 부딪히는 신"을 만나면 외롭지 않겠다는 언술에서 이미 구원의식에 닿아있음을 볼 수 있다. 실존과 존재에 대한 물음의 결과가 죽음이며 죽음은 구원의 문제로 귀착되고 있다. 세상에서 구할 수 없는 것을 구할 수 있는 기표가 "신"으로 상정된 것에서 확인된다. "아무도"에 담겨있는 수많은 기의들 속에는 절대자인 "신"만을 이라는 꽉 찬 기의만이 존재한다. 현세의 삶에서는 만날 수 없는 것과의 만남이 구원의식으로 작동된 것이다.

아내도
만 두 살 사개월 짜리 어린놈도 모두 버리고
조각배로 한 나흘 가야 하는
어느 먼 섬 외로운 파도 속에 살아
집 서 너 가우 있는
고기잡이 하는 사람들 사이에서
누구도 사랑하지 않고

70 박흡, 「運河」, 『新文學』 3, 1953.5.

누구의 사랑도 피하여

정성스런 종처럼 착한 마음으로
나의 가는 몸 알뜰히 부리어
호젓한 방종마냥 잊은 듯 거기 살다
몇 편 서툴은 시를 표주박에 담아 어디로 띄워 보내고
고둥 껍질 딩구는 모래 위에
아무 흔적 없이 사라지고저

이런 부질없는 소망이 죄 되면
천 길 지옥 아래
슬픈 사람들과 벗하여 뉘우침 없이 살고
어쩌다 신의 뜻에 맞는 일이면
천 길 하늘 위에 내 또한 고독으로 유산하리라

—박흡, 「第四眠」[71]

어린 아내와 아들까지 버리고 "누구도 사랑하지 않고 / 누구의 사랑도 피하여""아무 흔적 없이 사라"져 머물고자 "어느 먼 섬 외로운 파도 속"으로 떠나 "천 길 하늘 위에 내 또한 고독"한 존재가 된 화자이다. "박흡씨는 그녀더러 객이 왔다고 알리는지 좌우간 뭐라 알리는 눈치인데, 웬지 내겐 방안 공기가 거북하게만 느껴졌다. 그래서 곧 돌아서버

71 박흡, 『新文學』 3, 1952.7.

리고 말았는데 나오다가 아까 결창문 켠을 힐끗 보니 그녀는 곁에 남편은 잊은 듯 여전한 자세로 책읽기만을 계속하고 있었다"[72]는 것에 기대면 그가 현실에서 벗어나고 싶었던 것은 당연하게 받아들여진다. 현실에서 벗어나고 싶은 욕망이 "하늘"로 표상된 것은 당연한 것이다.

외로움과 고독이 불러온 공간이 '제사면'이다. 지옥과 천국의 이항대립은 선과 악의 양가감정을 지닌 인간의 외로운 몸짓이다. 그렇기 때문에 제 사면의 "하늘"은 "슬픈 사람들과 벗"하여 "신의 뜻의 맞는 일"을 할 수 있는, "고독을 유산"하지 않는 곳, 그를 구원해 주는 곳이 된다. 그곳은 결코 지상의 현실에서는 만날 수 없는 신의 세계이다. 신을 만나기 위한 하나의 과정으로 그는 선인장 가꾸기에 심혈을 기울인 듯하다.

> 내 손에 쥐어진 한 웅큼 씨앗들, 그 한 알, 한 알 속에 사람으론 창조할 수 없는, 천 년을 누릴 생명이 들어 있다는 것은 새삼 얼마나 놀라운 신비인가 그 간지러운 수물거림이 내 혈관에 전해질 때 나는 못견디게 답답해지면 경건한 마음으로 흙을 찾는다
>
> 머지 않은 훗날 내 가난하게 돌문 앞에 설 때, 내놓을 것이라곤 오직 몇 그루 나무씨를 뿌리고 왔노라고 이 한마디 밖에 없을지도 모를 일이다.
>
> —박흡, 「나무 씨를 뿌리며」 부분[73]

72 이수복, 앞의 글, 『현대문학』, 1963.1.(이수복이 박흡의 집을 방문한 것은 광주서중에 같이 근무할 때이니까 1951년도의 일이다. 이때는 이들이 결혼 한 지 채 2년이 안 되는 시기였다.)

73 박흡, 「나무씨를 뿌리며」, 『시정신』 4호, 1956.

이미 전술한 바와 같이 박흡은 화초 키우는 것이 유일한 취미였다. "좋아 하는 정도가 아니라 병에"[74]가까운 것이었다. "몇동의 온실을 지어 거기서 좋아하는 여러 가지 화초와 선인장을 재배하여 품종개량과 신종육종등에 힘써 미개지에 문명을 이끌어가"[75]는 삶을 소망한 것도 그런 연유이다. "이런 취미란 무척 허무하고 비실용적인 장난이지만 이런 조그만 죄없는 일로 황량한 인생이 얼마쯤 즐거워진다면 또한 고마운 일"[76]이었다.

그가 "나무씨를 뿌리는 일"은 "신"을 만나는 일이었다. "씨" 하나에 담겨있는 생명에 대한 경외와 생명의 탄생이 가져온 곳은 "고독을 유산"하지 않는 곳이다. 이는 그가 존재에 대한 물음과 대화의 결과로써 현실을 초월하는 죽음에서 출발하여 구원의식으로 승화되고 있음을 말한다. "씨"는 "사람으론 창조할 수 없는" 것이고 하나가 죽음으로써 수많은 생명들을 탄생시키기 때문에 죽어서 사는 구원의 세계로 귀착된다.

3. 결론

본고는 1950년대 광주전남문단에 이름만 올랐을 뿐 시집 한권 남기지 않고 자살로 생을 마감한 시인 박흡의 생애와 시 세계를 밝혀보았

74 박흡, 「나와 花草」, 『시와산문 호남 11인집』, 항도출판사, 1953, 61쪽.
75 박흡, 「새해설문」, 『전남일보』, 1958.1.24.
76 박흡, 「球根小包」, 『전남일보』, 1957.3.10.

다. 그는 항일운동가이자 교육자였으며, 행정가였고 시인이었다. 숙명여전을 시작으로 생을 마감할 때까지 교육계에 종사하였으며 문총구국대활동과 더불어 박봉우, 박성용, 윤삼하, 주명영 등의 제자들을 길렀다. 그의 활발한 활동에 힘입어 광주전남의 시문단은 풍성해졌다. 그럼에도 불구하고 그의 시적 성과는 사장되어 단 한 번도 조명되지 못했다. 지역문단의 무관심과 유고집조차도 없는 것이 주된 요인이었다.

박흡은 숙명여전에 재직 중이던 때 경향신문에 「젊은강사」를 발표하면서 문단에 등장하였다. 광주전남에서 활동한 동인 『갈매기』, 『신문학』, 『시정신』, 『시와산문』 창립동인으로 활동하였고 『학생문예』, 『갈매기』의 편집인이었다. 동인지와 신문, 『현대문학』과 『자유문학』 등의 문예지에 시를 발표하면서 여러 편의 평론을 썼다.

박흡의 시 세계를 관통하는 것은 죽음의식이다. 삶의 초월로써의 죽음과 구원의식으로써의 죽음으로 나누어진다. 삶을 초월하고자 하는 것으로써의 죽음은 끊임없는 존재와 실존에 대한 물음이었다. 현실을 도피하고자 하는 죽음이 아니라 존재에 대한 물음의 현현이 죽음으로 표출되었다.

구원으로써의 죽음은 기독교의 원죄에서 기인하고 있다. '신'의 영역으로 귀환인데 절대자를 향한 간절한 기도가 바로 시로 표상되고 있는 것은 구원으로써의 죽음을 뒷받침한다. 보이지 않는 비가시의 세계는 현실을 넘어서고자 하는 구원으로 표상되었다.

이사에서 밝힌 박흡의 생애와 시적 성과는 광주전남문학사의 공백을 메워나가는 한 과정이다. 또한 광주전남지역 시문학연구를 위한 토대가 될 수 있을 것으로 기대한다.

전쟁 후의 기록, 조국과 지역

김악론

1. 들어가는 말

지역의 시인들을 발굴하여 조명하고 시사적인 위치를 부여하는 일은 중앙 중심의 연구 못지않은 중요한 일이다. 지역문학은 중앙과의 공간적, 시간적 거리 때문에 사실상 전국적인 인지도를 갖기가 어려웠다. 자연스럽게 지역 문학은 연구에서 소외되었다. 전쟁공간에서의 지역문학의 소외 현상은 더 말할 것도 없다. 그러나 지역문학이 한국문학 형성의 토대라는 점에서 연구의 필요성은 다시 제기된다. 특히 1950년대는 광주전남에서 많은 시인들이 활동했고 많은 문예지가 발간되었다. 공간적, 시간적 제약이 있음에도 불구하고 중앙의 문인들이 광주전남에서 발간하는 문예지에 참여하여 동인지가 문예지의 위상을 갖게 된 것도 이 즈음이다.[1] 한국전쟁기와 전쟁을 겪은 후의 역사적 조건은 분명 많은 차이를 동반한다. 때문에 1950년대의 시문학사는 여전히 많은 보완을 요구하고 있다. 이데올로기의 첨예한 대립과 한국전쟁의 소용돌이 속에서도 시작을 멈추지 않았던 시인들이 많았다는 점은 고무적인 일이다. 그러나 연구에서 소외된 시인들 또한 많다는 점은 그동안의 연구에 아쉬움을 갖게 한다. 소외된 시인들과 작품을 호명하는 것은 시문학사를 보완하는 의미 있는 일일 터이다.

본 연구는 『領土』[2]가 출발점을 제공하였고, 『키르쿡크의 石油』[3]는 구체적으로 시인 김악이 누구인지를 추적하게 하였다. 당대에 함께 활동했던 시인들도 모두 떠나고 없는 지금 그의 생애를 추적하고 정리하는 일이란 요원하다. 『광주문학사』,[4] 『광주 · 전남문학동인사』[5]에는 이름만 거론되어왔고 『광주 · 전남 문학인명사전』[6]에도 올라와 있지 않은 시인이기 때문이다. 따라서 본고에서는 시인 김악의 생애를 문학적 생애에 초점을 맞추어 소략하고 그의 시 세계를 밝혀 광주전남 시문학사의 빈자리를 채우고자 한다. 당대를 풍미했던 광주전남의 시인들과 함께 동인활동을 했다는 것, 그리고 2권의 시집을 상재했다는 것, 당대의 문화예술인과의 밀접한 교류를 하였다는 것은 문학적 위상을 짐작하게 한다. 따라서 그의 시 세계를 규명하여 알리는 것은 광주전남 시문학사에 '김악'의 위치를 자리매김하는 일이며 이후 연구를 위한 토대가 될 것이

1 이동순, 한국전쟁기 순문예지 『신문학』 연구—시를 중심으로, 『현대문학이론연구』 43, 현대문학이론학회, 2010.12.
2 김악, 『키르쿡크의 石油』, 동원사, 1959.
3 김악, 『領土』, 동해당, 1956.
4 광주문인협회, 『광주문학사』, 한림, 1994.
5 박형철 편, 『광주 · 전남문학동인사』, 한림출판사. 2005.
6 박형철, 『광주 · 전남 문학인명사전』, 한림출판사, 2003.

다.

2. 김악의 문학적 생애

김악의 본명은 김흥수(金興洙)다. 광주시 동구 학동 172번지에서 아버지 김천석과 어머니 김주화 사이에 1917년 10월 15일 11남매의 장남으로 태어났다. 많은 부를 거느린 집안의 장남이었지만 여동생 1명을 뺀 다른 동생들은 어릴 때 모두 사망하였다. 광주서석초등학교를 졸업하고 광주고등보통학교(현 광주일고 13회)를 졸업하였으며[7] 일본 동경미술대학을 중퇴하였다. 광주고등보통학교시절부터 야구선수로 활약하였고 후에 야구감독을 하였으며, 『전남일보』에서는 기자로, 남전(한국전력의 전신)에서는 영업주임을 한 다양한 이력의 소유자다. 그러나 그가 생을 마감할 때까지 손에서 놓지 못한 것이 시였다. 다양한 이력을 지녔지만 마지막까지 시와 함께한 시인이었다.

김악은 김현승, 박흡, 이동주, 이수복 등과 함께 1951년 9월에 창간된 『신문학』 동인으로 활동하였다. 그리고 1953년에는 이병기, 김해강, 신석정, 백양촌, 박흡, 이석봉, 김현승, 박정온, 서정주와 함께 「시

7 광주일고에 확인한 결과 광주고등보통학교 학적부는 6·25때 소실되어 확인할 수 없었지만 총동창회명부에 13회 졸업생으로 기록되어 있어 광주고등보통학교를 졸업한 것이 확인되었다.

와 산문」 동인으로 활동하면서 『시와 산문—호남11인집』을 발간했다. 그리고 김현승의 제안으로 동인지 『시인지대』를 결성하고 작품을 모았는데 발간을 앞두고 전쟁으로 인해 작품이 분실되어 무산되고 말았다. 박정온은 창간 동인으로 작품을 모은 시인으로 김현승, 박흡, 이동주, 심인섭, 김악, 강대경, 박기동, 박정온 등으로 "그 동인지가 출판되었다면 전남 최초의 동인지였을 것이다"[8]고 회고하고 있다. 1956년 시집 『영토』(동해당)를 출판하였다.[9]

또한 김악은 초점시 동인으로도 활동하였다. 초점시 동인회는 김악의 제안에 의해 1957년 3월에 발족하였으며 회장은 김평옥, 부회장은 이경인이 맡았다. 회원으로 김악, 임학송, 조성원, 최인수, 고철, 박석창[10] 등이 참여하고 있다. 초점시 동인들은 '아카데미다방'에서 자주 만났으며 신성다방에서 시화전을 열기도 하였다.[11] 당시 '신성다방'은 박용철의 미망인인 임정희 여사가 경영하고 있었으며 문인, 화가들이 드나드는 곳이었다. 시화전을 위해 그림을 그린 화가들은 오지호, 양수아, 박래현, 조복순, 강용운, 배동신, 박행남 등으로 당시 광주화단을

8 박정온, 「해방공간—6·25 전후의 광주·목포의 문인들」, 『광주전남문학동인사』, 한림, 2005, 72쪽.

9 김악의 시집 『領土』의 출판기념회는 1957년 2월 10일 전남일보사 강당에서 열렸다.

10 '초점시동인'의 이경인에 의하면 김평옥은 조선대 철학과 교수, 김악은 남전의 영업주임, 이경인은 호남신문 문화부장, 조성원은 서석초등학교 주임교사, 최인수는 고등학교 국어교사, 박석창은 『전남일보』 문화부장, 임학송은 조선대 대학원 국문학 전공중, 고철은 호남신문사 기자로 활동하고 있었다.

11 『전남일보』 주최, '광주사범대학' 후원으로 추진되었으며 그림은 광주사범의 김인규가 맡아주었다는 이해동의 회고와 그림은 각자 알아서 해결하기로 하였다는 이경인의 회고에 다소의 차이가 있다. 그리고 이경인은 초점시동인회의 시화전으로 회고한 반면 이해동은 『호남신문』을 그만두게 되어 고별시화전을 연 것으로 회고하고 있다. 이런 차이에도 불구하고 시화전이 신성다방에서 열린 것은 분명한 사실이다.

이끌었던 화가들이다.

이 시화전은 전남에서는 처음 열린 시화전이었지만[12] 신성다방의 벽을 다 메꾸고도 남을 정도였으며 시화전 작품은 모두 매진되었다.[13] 1958년 가을 초점시 동인[14]은 전북의 전북시인회와 공동으로 황금동 콜박스 아래의 '2호실다방'에서 합동시화전을 개최하였다. "이 시화전에는 전북 대표로 고은 등이 참여했으며 전남 대표로는 이해동, 이경인, 최인수, 김평옥, 김악, 임학송, 박석창, 김현석, 고철 등 모두 20여 명이 40여 점의 작품을 출품하여 대성황을 이루었다."[15] 그리고 1959년에 두 번째 시집인 『키르쿡크의 석유』(동원사)를 발간하였다.[16] 딸의 주장대로라면 그 뒤 한권의 시집을 더 발간한 것으로 추정되나 확인되지 않고 있다.[17]

그가 시를 쓰게 된 계기는 첫 시집 『영토』 후기에서 단서를 찾을 수 있다. 박남수의 시 「원자에 부치는 노래」[18]를 보고 내용이나 기교에 있

12 광주전남출신의 문인들이 연 최초의 시화전일 수는 있으나 이미 1956년 7월 16일부터 1956년 7월 23일까지 군산의 토요동인 주관, 호남의 삼 신문사의 후원으로 자매다방에서 열린 적이 있다. 군산에서 전시한 후 순회전시를 한 것이다. 「시화전에 화제 집중」, 『전남일보』, 1956.7.18 참조

13 이준행, 앞의 글, 87쪽.

14 "초첨시 동인들의 시 경향은 대체로 정서가 담긴 순수한 것이 못되었다. 부조리한 세태를 풍자하는 어쩌면 반사회적이요, 현실비판적인 측면이 농후했다."(이경인, 앞의 글, 94쪽)

15 이준행, 앞의 글, 87쪽.

16 『키르쿡크의 石油』의 표지 그림과 시집의 컷은 오지호 화백의 아들인 오승우 화백이 21살 때 그린 그림이다. 딸 김경희는 오승우 화백이 예술의전당에서 〈십장생도〉 전시회를 할 때 만났다. 그래서 21살 때 그린 그림이며 아버지로부터 김악 시인의 불행한 죽음에 대해 들었다고 한다.

17 딸 김경희는 시집이 3권 발간되었던 것으로 기억하고 있다. 그러나 시집의 존재 여부는 아직 확인되고 있지 않다.

18 필자가 입수한 『전남일보』 1955년 3월 6일자에 실린 박남수 시의 제목은 「原子力에 부치는 詩」다. 김악이 제목을 정확하게 기억하지 못한 것으로 추정되며 박남수의 이 시는

어서 놀래지 않을 수 없어서 단 한 편이라도 뱉어내고 싶어서 시를 썼다고 밝히고 있다.[19] 이미 동인 활동을 하고 있었던 그였고 보면 작품에 대한 고민을 많이 한 듯하다. 그렇기 때문에 항상 박남수의 시 「원자에 부치는 노래」[20]를 머리 속에 그려보았으며 "그런 단 한 편의 작품이 나에게도 뱉아질 수 없을까" 고민하였던 것이다. 다음의 글은 그의 문단에 관한 생각과 고집스럽게 시를 썼던 이유를 짐작하게 한다.

> 반골기질이 강한 김악은 시를 써온 지 삼십여 년 — 이른바 추천이니 현상이니 하여 등장하는 중앙문단과는 담을 쌓고 혼자 시집을 내는 것으로 자족하는 시인이었다. (…중략…) 그는 문단이라는 것과는 등을 돌리고 시를 쓰는 고집스러운 시인이었다. 그는 평소 문단 무용론을 주장했다. 문단이라는 것이 잡지나 무슨 회를 만들어 끼리끼리 상 나눠 먹기, 무슨 특혜 해가며 흉하게 돌아가는 꼴을 아예 보기 싫다는 것이었다.[21]

『박남수 전집』에도 실려 있지 않다.

19 김악, 「후기」, 『領土』, 1956, 동해당, 99쪽.

20 박남수, 『박남수 전집』 1, 한양대학교출판원, 1998. 한양대학교출판원에서 출판한 박남수 전집에는 이 시가 「原子力에 부치는 詩」가 수록되어 있지 않다. 지방신문에 발표된 시였기 때문이기도 할 것이지만 한 시인의 작품을 완전하게 다 갖춘다는 것은 많은 수고를 동반해야함을 의미한다. 다음은 시 전문이다.
"나는 그냥 부서져 갔을 것이다. / 내 머리 위에 / 비록 그것이 작열하였대도 / 나는 꽃잎처럼 말 없이 / 그렇게 떨어져 갔을 것이다. // 사람이 만들 수 있은 / 가장 큰 知慧 앞에 / 한떨기의 꽃에 지나지 않는다. // 그러나 爆音에 떨며 / 어린것들이 불을 피하여 / 壕속으로 뛰어들어가는 것은 / 저것들이 저를 救하고자 함이리라. // 이 어린것들을 向하여 / 사람이 만들 수 있은 / 가장 큰 文明은 / 대체 무엇을 저것들 위에 주려는가. // 저것들로 해서만 나는 울 것이다. / 여기 原罪의 거리레 / 불로 審判을 나린대도 / 나는 말 없이 죽어 갈 수도 있다. // 나는 차라리 주검을 擇했을 것이다. / 그것으로 平和의 날들이 오고 / 그것으로 榮光된 날들이 온다면 / 죽는 일은 차라리 아름다운 일이다. // 사람이 만들 수 있은 / 가장 큰 知慧여! / 이 어린것들을 향해 暴力일때 / 나는 憎惡의 눈으로/그 세음을 치러 줄 것이다."(박남수, 「原子力에 부치는 詩」 전문, 『전남일보』, 1955.3.6)

김악의 문학적 자세를 알 수 있는 위 글은 외로운 시 쓰기를 짐작하게 한다. 천상 시인이었던 그는 1970년 북한과 관련된 시를 발견한 중정요원이 체포・구금하였고 '반공법 위반'으로 대전교도소에 수감[22]되어 복역 중 출소 한 달여 앞둔 1973년 4월 5일 심장마비로 사망[23]하였다. 면회를 간 큰 딸 김수자에게 "무식한 이들과 대화할 수 없어 침묵했더니 다른 문인들은 다 빠져나갔는데도 나는 2년을 구형받았다"거나 "그렁께 악이가 지혜가 없기로 천치지 뭐야?"[24]에서 짐작하건데 불의와 타협하지 않은 강골의 시인이었을 것으로 추측된다. 박정온은 그를 '진보성향의 시인'이자 의리의 사나이로, 그리고 박정희 정권 당시 미발표 시를 압수당한 것으로 기억하고 있다.[25] 그러나 구체적으로 어떤 사건으로 수감되었는지는 알 수 없다. 교도소 안에서 쓴 시가 수십 편이었을 것으로 추정되지만 다만 안도섭의 「시인의 죽음」이라는 글에 시[26] 한 편이 실려 있을 뿐이다. 그가 감옥에서 썼다는 유고는 남아있지

21 안도섭, 「시인의 죽음」『방황의 끝』, 은혜미디어, 1996, 115쪽.

22 "당시 많은 1인들이 함께 들어갔지만 다 풀려 나오고 천상병 시인과 아버지만 구금되어 실형을 받았다."(김경희, 「아버지 김악 시인의 재조명을 고대하며」, 오마이뉴스, 2002.12.28.)

23 호적등본에 의하면 "1973년 4월 5일 오후 1시 5분 대전시 중촌동 1번지 대전교도소에서 사망, 동년 5월 11일 보고"로 사망사항이 기록되어 있다. 사인은 심장마비였다고 한다.

24 안도섭, 앞의 글, 115쪽.

25 박정온, 「해방공간-6・25 전후의 광주・목포의 문인들」, 『광주전남문학동인사』, 한림, 2005, 71쪽.

26 안도섭, 「시인의 죽음」, 앞의 책.
"네가 여기 온 것은, // 네가 / 여기 온 것은 // 전라도 가시네야. // 네가 / 여기 / 온 것은 // 아 봄 따라 온 거냐. // 눈에는 / 빗자국 같은 / 눈물 자국이며 // 외마디 말이 있을까. / 벙어리 되었느냐 // 하여 / 공양미 삼백석에 왔느냐. / 공양미 삼백석에 왔느냐. // 一夫多妻의 나라 // 이 무스타의 소왈국에 // 네가 / 온 것은 (…후략…)"(김악, 「소왕국」 전문)

않다.

3. 전쟁 후의 기록, 조국의 형상

1950년대의 역사적 조건은 인간실존의 문제가 절박했던 시기였다. 때문에 작품을 통해 재현된 전쟁의 기억은 민족 비극의 기록이나 다름없다. 종군작가단의 활동이 전쟁터의 모습을 담은 일종의 현장 기록적 성격을 띠는 것이었다면 후방에서 작품 활동을 한 작가들의 작품은 전쟁이 핥고 간 뒤의 처참한 산하와 인간 군상들의 모습을 담은 인상기록적 성격을 띠고 있다. 김악이 주로 활동하였던 시기도 이 때였다. 그는 한국전쟁기 최초의 순문예지였던 『신문학』에 작품을 발표하면서 문학적 출발을 보여준다. 동인활동과 병행하여 지방의 신문에 작품들을 발표하면서 시작활동은 더욱 활발해졌다. 그의 시는 전쟁이 핥고 간 뒤의 처참한 산하와 인간 군상들을 담아내는 데에 집중한다. 전쟁의 잔혹함은 거시적인 차원에서 끊임없이 '민족'을, '민족' 안에서는 인간실존의 모습을 재현하고 있다. 전쟁체험이 내재화되어 표출되고 있다고 하겠는데 그것을 민족의식이라 불러도 무방하리라 본다. 두 권의 시집은 산하와 사람의 모습에 끊임없는 시선을 모으고 있기 때문이다.

한 시대를 겪고 난 뒤의 작가들의 의식 속에 녹아 있는 기억은 작품을 통해 재현되고 호명된다. 시대 안에 한 획을 긋는 사건의 경우는 지울 수 없는 트라우마로 각인되기 십상이다. 특히 전쟁의 기억은 동일화된 기억으로 존재하기 보다는 체험의 형태에 따라 각기 다른 방식으로 기억되고 재현된다. 기억 속의 경험적 사건은 기호를 통해 조직되고 구성되며 재현된다는 점에서 시어에 주목하지 않을 수 없다.

김악의 시집에 실린 시들을 크게 두 가지 축으로 나누어 볼 수 있다. '조국'은 중심축에, '고향'은 '조국'의 등가성 안에서 또 한 층위를 형성하고 있다. '조국'은 명시적으로 드러나기도 하지만 대체로 은유하여 표상되고 있다. 표층적으로는 그리스도교를 상징하는 데에 집중하고 있는 것 같으나 깊이 들어가면 기저에는 민족이라는 거대담론이 담겨 있다. '십자가', '골고다언덕', '에루살렘', '이스라엘' 등의 그리스도교를 상징하는 시어와 '영토'로 표상되는 상징어가 또 한 층위를 형성하면서 시 전체를 관통하고 있다. 그러나 이 시어들은 그저 관습적인 상징어에 머물지 않는다.

꽃 모가지를 꺾이우고

앙상한 뼈만 남은

아프가니스탄의 領土에
神이 있었던가.

神이……

보자

저기 비둘기의 慘酷한 虐殺을……

검은 弔旗에 물들은 눈물의 嗚咽을……

佛蘭西의 將校들이 술 醉했을 때

멀리 숨소리 깊은

골고다의 밤이 있다.

—「領土」 전문

아프가니스탄은 강대국들의 끊임없는 침공과 그에 대한 저항으로 점철된 수난의 역사를 갖고 있는 나라다. 기원전 4세기부터 시작된 서구의 침략은 동양과 서양을 잇는 아프가니스탄의 지정학적인 위치를 점령하기 위한 다툼이었다. 13세기에는 몽골군도 침략하였으나 완전히 점령하지 못하였고, 19세기에는 러시아와 영국의 각축장이 되었다. 영국은 러시아를 견제하기 위하여 군대를 파견하였고, 러시아는 아예 대규모 병력을 보내 침략하였지만 10년간 지속된 침략에도 불구하고 끈질긴 저항에 부딪쳐 1989년에 병력을 완전히 철수하였다. 미국은 9·11테러가 발생하자 아프가니스탄을 침공하였고 현재까지도 미군을 포함한 국제안보지원군이 활동하고 있을 만큼 아프가니스탄은 "제국들의 무덤"으로, "강대국들의 무덤"[27]으로 불리는 나라다. 수많은 강대국들의 침략으로부터 끝까지 지켜낸 역사의 땅이 아프가니스탄은 김악의 시 분석을 위한 핵심 시어가 된다. 우리의 역사 또한 수많은 강대국들의 침략을 받았지만 끝까지 지켜낸 땅이다. 그렇다면 이 시의 '아프가니스탄'은 우리 역사의 다른 기호일 뿐이라는 것을 언술되어진 시어들을 통해서 확인할 수 있다. 그리고 수난의 역사 속에서 굳건히 지켜낸 땅이 '영토'에 함축되어 있다는 것도 알 수 있다.

1연과 2연을 한 행으로 처리하고 있는데서 호흡의 조절뿐만 아니라 의미 단락도 나누어진다. 1연의 '꽃'이 '꺾이우고'는 꽃의 죽음을, 2연의 '앙상한 뼈'는 꽃이 죽은 뒤의 흔적을 표상한다. 여기서 '꽃'이란 '비둘기'로 표상되는 '평화'이다. '평화'의 죽음이란 전쟁의 다름 아니다. 그것의 단초는 '비둘기'가 '참혹하게 학살'당한 현장에서 찾을 수 있다. 따라서 '검은 조기'로 표상되는 죽음의 기표와 처참한 현장의 시간 기표인 '골고다의 밤'은 한국전쟁의 기표가 된다.

'아프가니스탄'으로 간접화된 기호는 한국전쟁이 남긴 참상을 더 구체적으로 재현한다. 왜냐하면 '영토'는 언어의 뒤틀린 결합이 현동화되고 있고, 전쟁으로 인하여 죽음의 땅이 되었음을 '신'의 부재가 증명하고 있기 때문이다. 따라서 '영토'는 '조국'을 표상하는 기표이자 의미체임을 알 수 있다. 기호의 간접화를 통한 의미작용을 끊임없이 이끌어내고 있는 이 시는 김악의 시 세계 전체를 관통한다. 그런 점에서 김악의 대표시라고 할 수 있다.

어두운 하늘에 이는 불꽃처럼……

27 Stephen Tannar, 김성준 역, 『아프가니스탄』, 한국해양전략연구소, 2010 참조.

槍 든
로—마의 兵卒들은

제 故國의
땅을 잃었는가.

불 빛 夜叉마다
저 宮殿에 잔치는?

어지러진 故土의 모래바닥에서
엎뜨려 쳐다보는
數萬百姓들의 눈빛을 보자.

오늘
不夜城의 酒宴이 한참,
예루살렘의 밤인가.

謝肉祭의 祭物은
村색시의 젖가슴을,

불칼 위에……

여기 모래바람이 나는

쓴도라와 같은 沙漠

점점 깊어 가는 쇠북소리는……

—「에루살렘의 밤」 전문

앞의 시와 같은 맥락이다. '에루살렘'은 그리스도교의 상징적인 공간이다. '로마의 병정'이나 '사육제의 제물'도 그리스도교의 상징들이다. 조국이 처해있는 상황과 조건을 '에루살렘'과 다름없이 '고토의 모래바닥'에서 신음하는 '쓴도라와 같은 사막'으로 기표화 하고 있다. 이렇게 표상된 것으로 볼 때 한국전쟁의 참혹함을 폭로하는 기표임을 알 수 있다. 비극적인 사건이 남긴 참상을 그대로 재현하기 보다는 다른 나라의 역사를 전유함으로써 의미는 간접화되고 간접화된 의미는 한층 강화된 의미를 생성한다.

특히 '사육제의 제물'이 '촌색시의 젖가슴'으로 표상되고 있는 점은 시인이 경험한 세계의 한 단면을 보여준다. "특정한 시기, 특정한 사조, 특정한 시인, 심지어는 한 편의 작품에 특징적으로 나타나는 많은 현저한 변별적 자질"[28]은 시인의 경험이나 사회역사적 조건 안에서 결정지어진다는 점에서 더욱 그러하다.

"곶봉오리를 걺듯이낭자하게 / 십자가에 매달을 수 있었던가."(「무제」)에서도 "빌라도의 폭력"이라고 하는 부분에서도 전쟁의 체험은 재현되고 있다. 예수를 '십자가'에 못박혀 돌아가게 한 '빌라도'의 폭력은

28 로만 야콥슨, 신문수 역, 『문학 속의 언어학』, 문학과지성사, 1999, 143쪽.

전쟁의 잔인함과 상처와 아픔을 '낭자하게' 묘사하고 있다. 비극적인 역사가 낳은 시대의 폭력이다. 일제 식민지와 해방의 감격이 "나의 어머니— / 조국이여 / 오늘, 사특한 자를 버리기 위하여 / 더욱 산처럼 무겁다"(「조국」)나 "힛트러-의 것도 제국주의의 것도 / 더군다나 독재주의의 것도 / 아닌 너도 너도 아닌 / 아득한 날부터 부르짖었던 우리의 것"(「그날이 오면—八·一五에 부치는 노래」)은 '조국'이다. 이런 형상들은 전쟁의 고발 차원을 넘어 민족의식과 맞닿고 있다.

새소리
물소리
그치고

황막한
눈물의 땅에
戰爭이 일어났을 때

우리 모두
시뻘건 선지피의 江은 흘렀다.

山에는 불바다
들에는 재떠미
쫓고 쫓기우고 하였을 때
참으로 우리를 돌보는 者

누구인가를 알았다.

먼 後裔의
그 날
災難의 씨가 뿌리고 간

이 荒土위에
이 鄕土위에
銃보다 꽃이 피는
굶주림보다도 삶이 있을

시방 億萬年의 밤이 나린데도

아아 우리의 이마위에 빛나는
그 이름 그 이름을

祖國이여

—「땅」 전문

김악은 "6·25 한국전쟁 때 한 동산 입산했다가 하산한 경력이 있다. 작품 제목이 「백골의 시」였고 전란의 와중에 자신이 몸소 체험한 것을 시로 형상화한 작품"[29]을 썼다. 그가 입산을 하게 된 것은 인민군이 광주를 점령했을 때 호남예술위문단의 일원으로 광주사범의 양수아와 함께 적출되어 지리산[30]에 있었다. 그때 본 전쟁의 참상을 시로 재현하고 있는 것으로 보인다. 한국전쟁은 죽음과 이산, 고아, 이데올로기의 대립으로 이어졌다. "체험한 현실에 대한 시인의 태도는 대체로 시인의 개인적 성향뿐만 아니라 당대의 문학 경향"[31]을 반영한다. 유구한 역사 위에 "새소리 / 물소리"가 끊이지 않던 땅에, "총보다는 꽃이 피는 / 굶주림보다는 삶"의 땅에 "선지피의 강"이 흐른다로 표상되고 있는 기표가 '전쟁'이다. 전쟁의 증언과 고발을 통한 내면의 성찰을 투사하여 '조국'에 집중하고 있다. 이 지점에서 "투철한 향토시인이며 도저한 리얼리스트며 대중시인인 동시에 열렬한 애국시인이다"고 단언하면서 "국정 교과서에 실리기가 소원인 그런 얌전하고 착한 시는 쓰지 않으며 오로지 현실직시의 시"를 쓰고 있다는 박흡의 평은 설득력을 갖는다.

그에게 조국은 '우리의 이마위에 빛나는 / 그 이름'이다. '억만년의 밤이 나린데도' 그 밤을 헤쳐갈 빛나는 이름으로 언명된다. 전쟁의 기억을 호출하여 재현함은 전쟁의 고발에만 있는 것이 아니라 그것을 딛고 일어서는 것에 더 큰 의미가 있다. 그것은 그의 시 전반에 나타나는 '피'에서 확인된다. 죽음을 기호화하는 것이기도 하지만 '핏줄'을 의미화 하는 것이기도 하다. 핏줄 속에 담겨있는 의미망 안에는 민족이라는

29 이경인, 「초점시동인회－이 고장 최초로 시화전 전시」, 『광주전남 문단 동인사』, 한림, 2005, 94쪽.

30 딸 김경희는 "사상적인 문제로 지리산에 있었다기보다는 다치고 아프고 배고픈 이들을 그냥 두고 올 수 없었다고 자주 이야기하였다. 아버지는 언제나 모든 사람은 평등하다고, 어렸을 때 집안일을 거들던 이들에게도 공부를 가르쳐 주었으며 그들이 해야 할 일들을 우리들에게 시켰다. 아버지는 그런 분이다. 그것은 사람은 모두 평등하다는 가르침이었다. 술을 마시고도 항상 같은 이야기였다"고 한다.

31 무카로프스키, 박인기 편역, 『작가란 무엇인가』, 지식산업사, 1997, 76쪽.

거대담론이 내재되어 있다. "천형의 피를 뿌리는 / 생명의 불장난"을 "아예 마옵소서 / 제발좀 마옵소서"(「난리」)로 표출하고 있는 데서도 민족에 대한 일관성을 보이고 있다. 역사적 사건은 사건으로 끝나는 것이 아니라 삶과 직결되는 문제이다. 때문에 민족의 역사와 삶은 동일선상에 있을 수밖에 없다.

4. 전쟁 후의 삶, 지역의 형상

'조국'을 중심축에 놓고 또 그 자장 안에서 다른 한 층위를 형성하고 있는 것이 바로 고향이다. 그의 시에는 고향에 대한 애착이 뿌리 깊게 자리하고 있는데 그것은 지역문학만이 가능한 고유한 특성이다. 지역의 사상과 감정의 내밀한 반영은 지역 작가들만의 고유영역이다. 시의 제목들만 보더라도 그가 얼마나 '전라도'에 천착하고 있는지[32] 선명하게 드러난다. 그 중심에 '영산강'이 있고, '영산강'을 중심으로 살아가는 사람들이 있다. 영산강은 전라도에서 발원하여 전라도를 빠져나가는 전라도의 젖줄이다. 이 지점에서 '향토의 시인'[33]이라는 호칭과 맞닿는다.

32 김악의 두 번째 시집 『키르쿡크의 石油』는 6부로 구성되어 있으며 23편의 시가 실려 있다. 『키르쿡크의 石油』의 출판 기념회는 1959년 6월 12일 전일회관에서 개최되었다. 『전남일보』의 기사는 "아직 전남 문단이 불모의 상태에 있을 때 시집 『영토』를 발간하여 많은 시학도들에게 刺戟을 주고 계속해서 꾸준히 정진해 온 우리 향토의 시인 김악 (…중략…) 세계의 관심을 집중케하고 있는 시대적 상황 속에서 세계인으로서의 건전한 호흡을 하면서 향토를 사랑하는 진실한 정신으로 엮어낸 시집"이라고 적고 있다.

몇천년은 보자. 西으로 西으로 흐르는 江.
무너진 대들보 핏덩어리 왼통 山을 이루던.

우리의 땅에 상기도 絶糧의 흙탕물이…….

몇천년은 보자. 西으로 西으로 흐르는 江.
地殼을 허비고 핥고 찢고 그 羊肉의 乾布를 .

몇천년은 보자. 피의 홍수를 그 最后의 밤을.

아, 榮山江 流域에 全羅道사람들은 살았구나.

〈그것은—〉 저 倭奴의 밥이 된 北間島나 가라후도(樺太)
北極의 氷雪과 함께 쫓겨난 할아버지나 맏딸마저도.

몇천년은 보자. 오랜 꿈이 사라져버린 어느 날 난데없이 터져버린 太極알은 그리고 殘忍한 地獄圖와 廢墟의 焦土는, 긴긴 暗黑이 暴君처럼 휩쓸어간 十二月 먼 曠野여.

山, 山은 돌아누운채 이따금씩 들리는 뻐꾸기의 울음이사 계곡의 바위새마다 봄을 토하는 뻐꾸기의 울음이사

33 박흡, 「키르쿡크의 석유와 애향시인 김악―잡초같이 모질게 살려는 의지」, 『전남일보』, 1959.6.13.

마구 구름을 쫓는 慘酷한 流浪이 끝나고 매마른 얼굴들이 팅팅 부어가고 있을 때 쇠갈퀴같은 손톱으로 자갈을 긁는다. 黃土길에 뼈다귀를 묻는다. 대들보에 돌과 흙더미를…….

모진 飢餓속에서도 살아왔다. 肉皮를 들어내고도 엄동설한속에서도 살아왔다. 기어이 살아왔다. 그 鼠族의 떼와같이…….

인젠 無慘할 수 없는 것이여. 우리모두 이 天涯의 孤獨속에서 칡뿌리같이 얽힌 人生들.

보자 몇천년은, 西으로 西으로 흐르는 江.
榮山江 流域에 상기도 살벌한 구린내를 풍기며 억세게 죽지 않는 全羅道 사람들—.

—「전라도 사람들」 전문

시인 김악이 노래한 전라도 사람들은 "억세게 죽지 않는" "모진 기아속에서도" "육피를 들어내고도" "엄동설한속에서도" "기어이" 살아온 사람들이다. '칡뿌리'와 '영산강'은 '전라도 사람들'을 형상화한 기표들이다. '칡뿌리'와 '영산강'의 형상은 '긴긴'이 함의하는 의미론적 등가관계가 성립한다. 두 사물이 갖고 있는 속성 또한 질기다는 측면에서 의미론적 등가관계가 성립한다. 표층적으로는 '길다'는 의미를 나타내는 것으로 보이지만 '칡뿌리'와 '영산강'과 '전라도 사람들'은 직접적인 의미의 결합이 이루어지지는 않는다. 그러나 '질김'에 의해 특수한 의미화를 일으킴으로써 시적 긴장을 일으키고 있다. '길다'가 표상하는 의미는 끊기지 않은, 끊길 수 없는 질긴 것이다. 즉 질긴 '칡뿌리'와 '영산강'과 '전라도 사람들'은 계열체를 이루면서 은유의 원리가 작동함으로써 결국 전라도 사람들의 끈질긴 생명력을 의미화하고 있다.

> 창랑한 산하, 폐허된 농촌이며 처참한 맥력, 절규에 신음하는 농민들이며 도시로 떠나가는 전라도 가시네며 포화에 무너진 살벌한 초토며 기아 속에 피육을 드러내고 살아가는 향토사람들, 이런 숨막히는 우리의 현실을 그는 눈에 심지를 켜고 직시하며 그 속에서 호곡하고 몸부림치며 노래하고 목마르게 구원을 바라며 뜨겁게 사랑하고 있는 것이다. 나는 그의 시에서 러시아의 에세닌의 일면이 방불함을 느낀다.[34]

위 글처럼 고향을 사랑하는 것은 '조국'을 사랑하는 정신과 동일한 맥을 이룬다. 언제나 정의를 세운 곳에는 더 가혹한 형벌이 가해져왔듯이 전라도의 역사는 유배의 역사이며 정의의 역사다. 전라도는 늘 고난과 배제의 자장 안에 있었다. 그러나 "억세게" "몇천년은" 죽지 않고 '영산강'과 함께 이 땅을 지켜온 것은 전라도의 영원성이다. 그래서 "억세게 살아갈 전라도 사람들"은 결국 우리 민족의 삶 전체를 아우르게 되고 '전라도 사람들'은 다시 '전라도 소'로 변전됨으로써 지역성을 담보한 보편성을 획득한다.

34 박흡, 앞의 글.

여울속에 여울속에

고삐애 매달린
全羅道
소야.

우리는 사람의 버릇인 우리는……
黃土밭 구린내와 뼈는
상기도 삭는가.

草根木皮를 짓씹는
올해도 우리는 새빨간 선지피를 쏟우며

荒凉한 麥嶺을
끌려가는 개구리들

마구 洪水와 떼밀려 가는
고슴도치 모가지마냥 있을까.

강파른 江인가.
山인가.

오랜

고삐에 매달린

全羅道

소야.

—「全羅道 소」 전문

소는 흔히 근면과 성실, 풍요를 상징되는 동물이다. 그가 바라본 '전라도 소'는 '고삐에 매달린' 소다. '고삐'에 매여 있으면서도 현실을 그대로 밀고나가는, 절망하거나 포기하지 않은 전라도 사람의 변체가 '소'로 기표화되고 있다. "초근목피을 짓씹"으면서도 '새빨간 선지피를 쏟우'면서도 '맥령'의 길을 넘어서는 '전라도 소'다. 어떤 조건에서도 굴하지 않는 끈질긴 생명력을 '소'를 통해 형상화 하면서 '영산강'과 '전라도 사람들'과 '전라도 소'는 계열체를 이루다가 통합체가 된다. 이것을 통해 지역문학이 갖고 있는 장소성은 작품의 주제를 뛰어넘는다는 논급은 가능해진다. 지역의 삶과 문화를 담아내는 지역문학은 지역에서 정주해야만 작품으로 승화가 가능하다. 지역의 내밀한 정서를 묘사하기란 정주하지 않고는 힘든 일이기 때문이다. 따라서 시인 김악은 "항상 향토와 굶주린 동포에 대한 따뜻한 사랑과 정의감을 품음과 동시에 조국에 대한 뜨거운 사랑"[35]의 출발점을 고향 전라도에서 찾았음을 알 수 있다.

소슬대는 대숲—

35 박흡, 앞의 글.

어둠을 뒤흔들며
싸늘한 바람결을 이어

귀 기울이는 敵前의 壕속에서처럼
소리없는 더운 가슴들

이윽고 땅거미를 타고 들리는 가죽장화소리……

〈고노 다깨야부가……(이 대숲속에)〉

총칼소리 삽시간에 그치고
물살 이는 갈바람
멀리 개짓는 소리

天地는 고요한데
가쁜 숨결 드높다.

굵게 깍지를 끼고
뿌리깊은 손목들

아 빛나는
조국의 아들 딸들이여

피에 굶주린 倭奴의 포위망을 뚫고

여기 一對一로 對決하는

우리들의 血肉이 있다.

—「대숲—光州學生事件紀念日에부침」 전문

광주학생운동은 일제의 차별에 맞서는 광주학생들의 항일운동이었다. 광주에서 시작되어 전국적으로 확산된 이 항일운동은 자주독립을 위해 학생들이 움직인 일대 사건이었다. 광주학생운동의 중심에는 광주고등보통학교와 광주농림학교가 있었다. 김악은 광주고등보통학교를 졸업하였고 야구선수로도 활약하였기 때문에 광주학생운동에 대해서 남다른 자긍심을 갖고 있으리라고 사료된다. 이 시는 광주학생운동을 기념하는 시로 굳은 절개가 대나무의 무리인 '대숲'으로 기표화되었다.

'싸늘한 바람결'과 '더운 가슴'이 학생들의 기표라면 '총칼'은 일제를 상징하는 기표이다. 대나무 뿌리의 견고한 생명력은 '뿌리깊은 손목'으로 언표화 함으로써 굳은 절개와 의지를 표상하고, '조국의 아들딸'로 기표화 된 주체들은 광주학생들의 정신을 구현한다. 또한 이들을 '혈육'으로 상정하고 있는 것에서 민족의식을 확인할 수 있다. '피'는 민족을 드러내는 대표적인 기표이기 때문이다. 다음의 시에서도 '피'가 상정하는 의미망을 읽어낼 수 있다.

一

이냥

꿇어 앉아서

모래밭에서

불붙은
이스라엘의 땅에
하늘에

이내 토초로 화해버린
피의 江은—

—우에 우에 다시
꽃들은

진 모래위에
쌓아 올린 골편의 山에

너는
찬 이슬만 뿌리노리

二
오오 故國의 이름이여

내 누이의 젖가슴은, 누가
허비었느냐.

—「지는 꽃은」 전문

'꽃'은 '누이의 젖가슴'과 등가물로 '쌓아 올린 골편의 山'에 '찬이슬'만 내리는 것은 전쟁이 남긴 상처를 재현한다. '피의 강'은 영산강이자 조국강산의 기표이며 '이스라엘'은 빼앗긴 조국, 되살려야 할 조국이다. 희생제물이 된 '누이의 젖가슴'은 순결한 조국을 의미하고 또한 비극의 참상에 대한 울부짖음을 상징한다. 이 상황을 '이스라엘'과 '조국'을 등가로 상정하고 있다. 이는 기호가 단순한 기호가 아닌 끊임없이 기의를 생산하고 있다는 점에 기인한다. 그래서 '이스라엘'은 '조국'이라는 다른 이름이 되고 등가적 의미망을 형성할 뿐만 아니라 의미를 한층 강화시킨다. 광야를 헤맸던 이스라엘 백성들의 여정과 우리민족의 여정이 '누이의 젖가슴'으로 언술되어진다는 점에서 그렇다. "그의 작품에는 불의를 보고 참지 못하는 '레지스탕스 정신'이 깃들어 있"는데 "유신 직후 그가 당국에 체포되었다는 소식은 들었지만 워낙 사회분위기가 얼어붙었던 때라 모두 쉬쉬"[36]했던 때 김악은 외로운 목소리로 시대를 노래하고 있었던 것이다. 임학송은 그의 시를 "피와 대결의 시"[37]

36 1950년대부터 조선대 국문과 교수로 재직했던 김봉영의 회고가 실려 있다. 「독재 항거하다 처연히 쓰러져」, 『광주일보』, 2009.11.7.

37 임학송, 「피와 대결의 시―『영토』를 내신 김악 형님께」, 『전남일보』, 1957.2.10. 임학송은 조선대 대학원을 졸업하고 전남일보사에 근무했으며 문공부 국립영화제작소 감독과 KBS TV드라마 연출가, 서울예술대 방송연예과 교수를 역임했다. "조그마한 영토 위에 그래도 싸움은 계속하고 있었습니다. 날카로운 절규와 그리고 창칼이 부딛치는 금속성 소리며 — 며칠간을 까마―득하게 먹을 것을 잊어버린 초라한 전사의 모습과 사체로 배를 채우던 적과 가마귀떼들만이 눈부시도록 하늘을 날으고저 쪽 강변에 대진하고 있을 따름입니다. 마음약한 '떼끼촌'의 아가씨들은 그리운 그 님이 돌아오길 기다리고 옷고름에 눈물을 남몰래 닦고 울타리 넘어 기다리다 지친 눈빛을 세울 때가 한 두 번이 아니었습니다 (…중략…) 이제 낡은 비극은 끝났습니다. 새로운 비극 — 그것은 희극일런지도 모르겠습

라고 규정하고 있는 것도 같은 맥락이다. 그는 현실을 직시하며 현실을 반영하는 시를 썼다. '전라도가시네'로 형상화되고 있는 것에서도 현실을 직시하고 있음을 확인할 수 있다.

꽃봉오리 三月을 피어서
진정 시들기도전

모난 짐승의 발톱에 채여
네 벌건 상채기는

밤이면 밤마다
입술에 묻어나오는 빨간 피사

이 어둠 막막한 하늘은 뒤덮이고
빽빽 기어서라도 살자꾸나.

너도 나도 고양이나 쥐는 될 수 없는 「인간」들

오늘도 가슴마다 血肉의 등불을 켜면
멀리서 손짓하는 山새의 울음이여

니다—만이 남아 있습니다. 끝끝내 '대결'하다 쓰러지면 피를 흘리며 '콩크리트' 바닥에 '시'를 적던 악형님, 삶과 인생과 그리고 숙명이란 원수를 앞에 놓고 '대결'이라는 반항을 계속하고 정열에 왼놈을 불사르면서 굽히지 않는 의기를 우리도 배워야겠습니다."

아, 전라도가시네야.

—「뒷골목에서」 부분

이 시에서 '전라도가시네'는 조국 전체를 아우르는 이름이다. '꽃봉오리'지기 전의 '가시네'는 '조국'을, '모난 짐승의 발톱'은 조국의 산하를 유린한 존재이다. '가시네'란 전라도 사투리로 아직 결혼을 하지 않은 아가씨를 가리킨다. 앞에서 '전라도'는 끈질긴 생명력을 지닌 공간으로 상정되었음을 확인했듯이 '전라도가시네' 역시 그 연장선상에서 논의가 가능해진다. 모두 9연으로 구성된 이 시는 각 2행이 1연을 이루고 있다. 1행으로 구성된 7연과 9연은 특별한 의미를 상정하고 있다. "너도 나도 고양이나 쥐는 될 수 없는 「인간」들"과 "아, 전라도가시네야"가 그것인데 7연에서는 우리는 짐승과 다른 '인간'이라는 점을 강조하고 있고, 9연에서 상처 난 조국의 산하를 '가시네'로 호명함은 "가슴마다 혈육의 등불"을 켜고 지켜가야 할 땅이기 때문이다. 이 시에서는 전라도의 향토어를 그대로 쓰고 있다. 지역문학의 장이 아니면 쓸 수 없는 시어가 '가시네'이고 가시네는 '조국'의 기표가 된다.

김악은 전쟁기부터 작품 활동을 시작하였기 때문에 전쟁이 핥고 간 상처가 고스란히 묻어있다. 한국전쟁을 겪고 난 후의 후유증, 그리고 그것 이후의 피폐해진 산하와 삶의 모습과 인간실존에 대한 질문을 시적으로 형상화하고 있다. 뿐만 아니라 삶과 죽음을 넘나들던 때의 비극을 딛고 살아야만 하는 인간실존의 참상의 고투가 고스란히 육화되어 있다. 그의 시 전체를 관통하는 것은 '조국'이며 그것의 등가성 안에 고향의 '전라도'가 또 한 층위를 형성하고 있음을 보았다.

5. 결론

본고는 시인 김악의 생애와 시 세계를 밝혀보았다. 김악은 1950년대 광주전남문단에 이름만 올랐을 뿐 시집을 2권이나 냈음에도 불구하고 광주전남문학사 어디에도 규명되지 않은 시인이다. 김악의 본명은 김홍수로 광주에서 태어나 서석초등학교와 광주고등보통학교를 졸업하였다. 일본 동경미술대학에서 유학하였으며 언론사 기자와 야구선수를 지낸 다양한 이력의 소유자이다. 개인적으로는 불행한 삶을 살았지만 끝까지 시를 향한 열정을 불태우면서 『갈매기』, 『신문학』, 『시와산문』, 『시정신』에 작품을 발표하였다. 함께 했던 시인들은 김현승, 이수복, 이동주, 박흡, 장용건, 이경인, 박정온이었다. 그는 시집 『영토』와 『키르쿡크의 석유』를 발간하였다.

김악의 시 세계는 크게 '조국'과 '고향'이라는 두 축으로 나누어진다. 기독교적인 상징물을 등장시켜 동일성의 토대 위에 '조국'을 기표화함으로써 역사적 상황을 은유하고 있다. 비극적인 시대의 아픔을 기독교적 상징물을 통해서 표상하여 민족담론을 논급한 것이다. 또 하나의 축을 이룬 '고향'은 '조국'의 등가성 아래 '영산강'을 중심으로 살아가는 전라도 사람들의 끈질긴 생명력을 형상화 하고 있다. 피폐한 삶의 한가운데서도 희망을 잃지 않는 것은 민족정신으로 설명된다. 결국 김악의 시는 전쟁 후의 현장의 기록이면서 또한 민족의식의 발로였다. 그것을 '조국'과 '고향'에 천착하여 표상하였던 것이다.

이상에서 밝혀진 김악의 생애와 그의 시 세계는 광주전남 시문학사의 공백을 메워나가는 하나의 과정이다. 앞으로도 본고에서 다루지 못한 작품에 대한 구체적인 연구는 지속될 것이다.

전라도를 짊어지고 산 사람, 백두대간으로 들다

이성부론

1. 들어가며

시인 이성부는 광주광역시 동구 대인동 23번지에서 1942년 1월 22일 부친 이근봉(李根奉)과 모친 김덕례(金德禮) 사이의 4남 2녀 중 장남으로 태어났다. 3대가 함께 사는 가난한 집의 장남으로 태어난 그는 시인이 되기까지 현대사를 온몸으로 마주하였다. 3살 무렵 할머니의 등에 업혀 광주역 광장에 무리지어 앉아 있는 일본의 패잔병에 대한 기억, 8살 무렵 6·25한국전쟁 때 피난을 갔던 잣고개 넘어 '신촌'의 산에 올라 광주가 폭격 당하던 모습은 역사적 현장에 대한 기억으로 각인되었다. 그 기억들은 그의 시 세계를 예견하는 장치가 되었는지도 모른다. 잊혀지지 않은 현장의 기억, 그것은 일종의 트라우마였으며 필연적으로 문학적 자양분이 될 수밖에 없는 국면으로 작용하였다.

유난히 책을 좋아했던 이성부는 초등학교 때 이미 『소공자』, 『로빈 후드』, 『삼국지』, 『수호지』 등의 소설을 탐닉하였다. 중학생이 되면서 '나의 희망'은 '문인이 되는 것'이었고 자연스럽게 문예반에 들어갔다. 그 무렵부터 이성부는 '무등산'을 제집 드나들듯 오르기 시작했다. 건빵 한두 봉지를 들고 무등산에 오르는 일은 큰 즐거움이었다.

그는 교사가 되는 광주사범 부설중학교를 다녔으나 사범 본과를 버리고 광주고등학교에 진학하여 본격적으로 시작활동을 하게 된다. 그는 1학년 때부터 이이화, 강홍기 선배를 만나 문예반에서 활동하였고 다른 반 학생인 문순태를 문예반으로 끌어들였다. 소설가 문순태가 초기에 시를 쓰게 된 것은 순전히 이성부 때문이었다. 『학원』에 투고하는 것도 게을리 하지 않으면서 까뮈, 샤르트르 등 실존주의 소설을 탐독하였으나 소설은 어렵다는 느낌을 받았다. 그는 2학년 때 광주고등학교의 선배들인 박성룡, 박봉우, 윤삼하, 정현웅, 강태열 등의 시인을 만났다. 광주 '학생문학회'에 문삼석, 김이중, 김수봉, 정양웅, 이청준 등과 함께 참여하면서 문학공부를 심화 확대시켰다. 3학년 때는 '순문학' 동인회를 만들고 3집까지 발간하였으며 『광고시집』을 발간하기도 하였다. 그리고 전국한글시백일장에서 「「사라」호」라는 작품으로 고등부에 장원을 하기도 하였다.[1]

이성부는 잘 알려진 대로 광주고등학교 재학시절에 『광고타임스』를 만들어 문예부를 이끌었고, 『전남일보』에 꾸준히 작품을 투고했으며, 문학에 대한 평을 싣기도 하였다. 그는 일찍 문학에 눈을 떴다. 시인 김

1 『전남일보』, 1959.10.12.

현승의 집을 자주 찾아다니면서 시평을 들으며 공부를 했다. 그가 김현승을 스승님으로 모시게 된 이유도 거기에 있다. 이처럼 그는 일찍이 시에 미쳤다. 한국 시단의 한 획을 긋는 작품들을 생산할 수 있었던 것은 우연이 아닌 것이다. 경희대에 진학하면서 조병화, 황순원, 김광섭의 지도를 받으면서 전상국, 이승훈, 김용성, 신일수, 허남헌 등과 자주 어울렸다.[2]

그는 1960년 『전남일보』 신춘문예에 「바람」으로 당선되었으며, 1961년 『현대문학』에 김현승의 추천으로 「소모의 밤」, 「백주」, 「열차」를 발표하며 등단하였다. 군대를 제대하고 얼마 안 되어 어머니가 사망하면서 정신적으로 방황도 하였다. 그리고 1967년 『동아일보』 신춘문예에 「우리들의 양식」이 당선되었다. 뿐만 아니라 박봉우, 박성룡 등 광주고 출신들이 주축이 되어 결성했던 동인지 『영도』의 복간에도 참여하였다. 그런 쉼 없는 시작의 과정을 통해 그는 그만의 시 세계를 구축할 수 있었다. 날카롭지 않은 듯 하면서도 강한 힘을 갖고 있는 그의 시는 늘 시대를 향한 비수가 되었다.

전라도를, 광주를 이성부 만큼 잘 형상화한 시인은 없다. 그는 광주에서 태어나고 자랐으며 광주를 온몸으로 산 시인이다. 그는 유언무언으로 체화된 전라도의 정서를 칭칭 감고 평생 내려놓지 못했다. 전라도는 국가가 외세의 침입에 신음할 때 전부를 던졌던 충의 고장이었고, 불의에 항거하며 죽음으로 화답했던 의의 고장이며, 시서화에 능했던 예술의 고장이었지만, 그럼에도 불구하고 늘 역사의 뒤안길에 밀려있

2 이상은 『저 바위도 입을 열어』(나남출판, 1998)에 실린 작가연보에서 많은 부분을 의지하였다. 그가 태어난 광주광역시 동구 대인동 23번지는 현재 음식점이 들어서 있다.

는 한의 고장이었다. 그런 전라도의 정서는 유형무형의 경험으로 축적되었으며 그대로 그의 시가 되었다.

그의 첫시집 『이성부시집』을 비롯하여 『우리들의 양식』, 『백제행』은 초기 시 세계를 집약적으로 보여준다. 세권의 시집은 시인이 깊이 천착하고 있는 것이 무엇인지 명시적으로 드러난다. 「전라도」 연작을 비롯하여 「백제」 연작에 이르기까지 전라도의 정한이 고스란히 담겨있다. 뿐만 아니라 한 순간에 치유될 수 없는 한이 집약되어 있다. 80년대 이후 산에 오르며 쓴 『빈산 뒤에 두고』나 『야간산행』과 『지리산』도 전라도로부터 자유롭지 못하다. 그런 점에서 그는 온몸으로 전라도를 사랑한 시인이다. 이는 이성부가 '무등산의 시인'이며, '전라도의 시인'이라는 것을 논거 한다. 그가 문학에 대한 열망을 키운 곳도, 그를 절필하게 한 곳도, 그리고 다시 시를 쓸 수 있게 한 것도 광주였으며, 무등산이었다. 이성부에게 전라도와 광주는 시의 토양이며 시의 귀착점이다. 세상은 현대문학상과 한국문학작가상, 경희문학상, 대산문학상, 편운문학상, 가천환경문학상 등으로 문학적 업적을 고양하였다.

그가 고등학교 시절부터 쓰기 시작한 시는 생을 마감하는 순간까지 놓을 수 없는 목숨 줄이었다. 그가 가고 없는 지금 그가 시인으로 걸어온 길과 더불어 그의 시 세계를 더듬어 보는 것은 이성부의 생애와 시세계, 그리고 끊임없이 지향했던 시정신이 '전라도'에서 기인한 다는 것을 확인하는 일이다.

2. 평생의 화두, 전라도를 짊어지고

시인 이성부에게 전라도는 평생의 화두였다. 역사의 변방에 자리한 사람들의 애환은 당대의 삶으로부터 나온 것이 아니라 역사로부터 기인한다. 삶에 담긴 애환의 뒷자락과 깊은 곳에 품고 있는 것들을 숨죽이며 내밀한 감정의 선을 따라 토해낸 것이 그의 시였다. 「전라도」 연작이나 「백제」 연작이 나온 것도 그런 역사적 배경을 무시할 수 없다. 역사로부터 소외된 지역, 수탈아래 신음하는 농민들의 삶은 척박하였지만 그것을 숙명으로 받아들이고 체념하며 사는 사람들의 인내와 끈기는 이성부를 현실에 눈뜨게 하는 요인이 되었다.

그의 시가 습작노트를 떠나 세상과 조우한 첫 작품은 고등학교 1학년 때 쓴 「메아리」이다. 원문을 그대로 소개하는 것은 그의 첫 작품이기 때문만은 아니다. 거기에서 그의 시 세계의 실마리가 찾아지기 때문이다.

혼자만이 가지는 시간이
이제 내게는 슬프지않다.

홀로 걸어보는 숲속길에
어디선가 메아리가 들려오고
모도 들려오고……

그 투명한 無形의 重量

그리고

모든 것을 부디ㄷ쳐 돌아오는

아아 그 폭넓은 음향

드디어!

메아리는

머언 그리운이의 모습을 하고

나를 부르는 손짓이 된다.

아니

이렇게 나를 애태우는

그림자 없는

그것이 된다.

(1956년 11월 8일)

—「메아리」 전문, 『전남일보』, 1957.11.15

이 시를 보면 그의 시가 메아리가 될 줄을 이미 예견하고 있었다는 생각이 든다. 인용시는 말한 대로 고등학교 1학년일 때 『전남일보』에 투고한 작품이며, 그의 첫시집인 『이성부시집』에도 실려 있다. '홀로 걸어보는 숲속길'에서 후반기 시작의 전부를 건져올린 은빛언어의 출발은 시작되고 있었다. 그 숲 속에 난 길을 따라 '그리운이'가 되어버린 지금, 그가 말한 것처럼 먼데서 '혼자만이 가지는 시간'을 '슬프지않'게 받아들여야 한다. 그가 보내는 '폭넓은 음향'의 메아리가 우리들에게 들려오고 있으니.

그는 그의 시가 메아리로 남기까지 한시도 전라도로부터 광주로부터 자유롭지 못했으며, 무등산으로부터 자유롭지 못했다. 다음의 시를 보면 알 수 있다.

> 한 나라가 다시 살고 다시
> 어두워지는 까닭은
> 나 때문이다. 아직도 내 속에 머물고 있는
> 光州여, 성급한 목소리로 너무 말해서
> 바짝 말라 찌들어지고
> 몇 달만에 와 보면 볼에 살이 찐,
> 부었는지 아름다워졌는지 혹은 깊이 병들었는지
> 아무것도 알 수 없는 고향, 만나면 쩔쩔매는
> 고향, 겁에 질린 마음을 가지고도
> 뒤돌아 큰소리로 외치는 노예, 넘치는 오기
> 한 사람이, 구름 하나가 나를 불러
> 왼종일 기차를 타고 내려오게 하는 곳
> 기대와 무너짐, 용기와 패배,
> 잠, 무서운 잠만 살아있는 곳, 오 光州여.
>
> —「光州」 전문

인용시는 시대적 불행이 '나 때문이다'로 시작된다. 시대 혹은 역사에다 자신을, 혹은 자신의 불행을 동일시하는 시적언술은 '광주'가 가장 비극적인 공간으로, 시대적으로 불행을 집약하는 공간으로, 수난의 공간으로 인식하고 있는 것에서 출발한다. 그의 "겁에 질린 마음을 가지고도 / 뒤돌아 큰소리로 외치는 노예, 넘치는 오기"에는 "아침 노을의 아들"이자, "나를 부르고 / 죽이고, 다시 태어나게"(「전라도 · 2」)한 곳에 대한 사랑이 깔려있다. 그래서 '구름 하나'가 불러도 종일 걸리는 먼 거리를 마다않고 내려와 '기대'와 '용기', '무너짐와 패배'의 시간을 견딘다.

이 시에서 소리 없이 견디는 시간을 '잠'으로 표상하고 있음을 주목해야 한다. 그 잠은 편한 잠이 아니라 '무서운 잠'이다. 뿐만 아니라 '무서운 잠만 살아있는' 곳이 광주라는 사실이다. 잠을 자는 밤은 어둠과 시련을 상징하기도 하지만 또한 빛과 희망을 준비하는 생성의 시간을 의미하기도 한다. 여기서 '잠'은 후자를 의미한다. 따라서 죽은 잠을 자는 것이 아니라 살아있는 잠만을 자는 도시, 폭압에 굴복하지 않을 힘을 비축하느라 동면의 시간을 견디는 곳이 '광주'이다. 그렇다면 '무서운 잠만 살아있다'로 언명되어진 시적 진술 속에서 일찍이 5 · 18광주민중항쟁을 예견하고 있는 것은 아니었을까. 이성부시인의 무서운 통찰력과 예지력은 한 나라가 살고 죽는 것을 '나 때문이다'로 언명하고 있는데서 확인된다. 이성부 시의 힘은 바로 거기에 있다.

> 좋았던 벗님은 멀리 떠나고
> 눈부심만이 내 방에 남아 나를 못살게 하네
> 못살게 하네 터무니없는 욕심도

꽃같이 잠들었네 법석대는 머슴도 착한 마음씨도
못견디게 설운 사랑도 저 모래밭도
구천에 잠들었네
갈수록 무서운 건 이 노여움의
푸른 잠, 이것을 바로 이것을
땅 위의 모든 책들이 가르쳤네
어째서 책이 조심스럽게 말하는가를 이제 알겠네
이제야 알겠네 벗님도 가버리고
눈부심만 남은 밤을,
어째서 그것은 깊이 살아 있고
곳곳에서 소리없이 고함치는가를……

—「전라도 · 1」 전문

인용시에서도 여전히 '살아있는 잠'은 연속된다. '무서운 잠'이 '푸른 잠'으로 변용된 것인데 '푸른 잠'은 서러운 것들, 말하자면 '머슴', '착한 마음씨', '설운 사랑', '모래밭'이다. 이것들이 구천에서 떠돈다는 사실에 잠들지 못해서 '푸른잠'을 잔다. 그것은 '노여움'이다. 노여움의 근원은 '땅위의 모든 책'들이 제공하고 있다. 책을 통해서 만나게 된 전라도는 '눈부심만 남은 밤'이 '깊이 살아 있고', '소리없이 고함치'고 있는 곳이다. '책'은 역사를 말한다. 역사는 선택과 배제의 논리 속에 전라도를 가둬놓고 있기 때문에, '조심스럽게 말'할 수밖에 없다. 이런 답답한 현실은 시인을 잠들지 못하게 하는 주요인이다.

이때의 '나'는 '전라도'와 동일한 존재, 즉 잠들지 못하고 소리 없이 고함치는 존재이다. 이는 역사 속의 전라도를 형상화한 것으로 소리 내지 못하는 자신에 대한 일종의 분노의 표출이다. 역사는 전라도를 늘 배제의 자장 안에서 위치 시켜놓고 있다. 그 이데올로기 논리에 순응할 수 없어서 '곳곳에서 소리없는 고함'을 치고 있다. 이것은 자연스럽게 그의 연작 「전라도」에 투영되기에 이른다.

노인은 삽으로
영산강을 퍼올린다. 바닥이 보일 때까지
머지않아 그대 눈물의 뿌리가 보일 때까지
노인은 다만
성난 사랑을 혼자서 퍼올린다.
이제는 무엇을 위해서가 아니라
삶을 어떻게 용서하기 위해서가 아니라
노인은 끝끝내
영산강을 퍼올린다 가슴에다
불은 짊어지고 있는데
아직도 논바닥은 붉게 타는데
바보같이 바보같이 노인은 바보같이

―「전라도 · 7」 전문

그 노인의 '성난 사랑'은 '바닥'이 보이고 '눈물의 뿌리'가 보일 때까지 '영산강'을 퍼 올리게 한다. 아무리 퍼 올려도 영산강의 바닥이 보일 리 만무한 줄 알면서도 '노인'은 그 바닥이 보일 때까지 쉼 없이 퍼올린다. 이 노인의 행위가 '전라도'의 끈질긴 생명력이다. 영산강 물을 퍼 올리는 행위의 주체를 '노인'으로 설정함으로써 미학적으로 행위의 정당성을 획득하다. 행위의 주체가 젊은이라면 시적 감동은 상당히 퇴감되었을 것이고 주제의 형상화에도 어려움이 있었을 것이다. 그런데 '노인'을 행위의 주체로 설정하면서 시적 긴장과 감동, 주제는 명징해진다. '전라도'의 '바보'같은 생명력과 변하지 않는 끈질김도 확실해진다. "이 작자는 시를 쓰기보다는 그 뚜렷한 미모로, 다비드의 한국적 변용이라할 미모로, 배우라든가 운동선수라든가 그런 류의 스타가 제격"인 시인이 "생땅을 갈아 뒤엎은 듯한, 생흙내가 들을 진동하는 시"로, 부드러움 뒤에 숨겨진 단단함으로 "이성부의 거의 모든 불음과 색채, 시적 특성"[3]을 노정하고 있다. '노인'이 전라도의 다른 이름이기 때문이다.

이성부에게 전라도는 "동지의 / 많은 손발과 심장"에서도 "조금씩 거역을 받기 시작"(「전라도 · 3」)해서 "노오란 아침이 / 식구들과 더불어 굶주리"(「전라도 · 4」)며 "외로운 늑대의 울음을"(「전라도 · 5」)우는 곳이다. 그래서 "노여움의 정신을 만드는 것이 / 어디에서 처음인가를 알아보고 / 뿌리째 완전히 움직"(「개성」)여 본 것이 「전라도」 연작으로 탄생한 것이다. 그래서 그의 시는 "이 아픈 시대를, 이 숨막힐듯한 상황을 실감있게 호흡하며 살기위해서 삶을 어떤 고여 있는 상태에서가 아니라 움직이는 상태에서 그 움직임의 정면으로부터 파악한다. 그럼으로써 그는 자기의 삶과 시의 삶을 동시에 이끌"[4]어 간다. 그리고 "움직이지 않

3 최하림, 「이성부의 시 세계」, 『前夜』, 창작과비평사, 1981, 111~113쪽.

4 조태일, 「고여 있는 詩와 움직이는 詩」, 『고여 있는 詩와 움직이는 詩』, 전예원, 1980, 128쪽.

는 것은 소리가 없다"(「바위타기3」)는 신념으로 시와 삶을 일치시켜 나간다. 이는 "역사의 현장에서부터 그 모순의 뿌리를 찾아"[5]가는 심층의지의 구현으로 그의 시는 구체적인 삶의 토양으로부터 자연스럽게 우러나온 것이며 한 공동체의 발전을 위하여 유효하다.[6] 그의 시가 관념적이거나 현학적이지 않은 이유도 거기에 있다.

> 어렵고 버림받은 사람들의 승리가, 반드시 고통 속에서 쟁취된다는 사실을 나는 믿는다. 그러기에 나는 나와 내 이웃들의 고통의 현장에서 한발자국도 비켜설 수 없다. 이 고통의 편린들, 이 뼈아픈 삶의 정체를 밝혀보는 일이야말로 나에게는 가장 중요한 시적 목표가 된다. 내가 나에게 충실하고, 남에게 진실할 수 있는 길이 이것 말고 또 다른 무엇이 있겠는가.[7]

그의 시적 목표는 '뼈아픈 삶의 정체를 밝혀보는 일'이며, '나에게 충실하고, 남에게 진실할 수 있는 길'이다. 자신의 충실을 통해 타인의 진실을 건져 올려 보겠다는 시적 자세는 그의 시가 연대를 통해 나아갈 수밖에 없음을 단적으로 시사한다. 그가 살았던 서울 변두리의 생활적 구체성에 눈을 뜬 것도 그때 즈음이다. '어렵고 버림받은 사람들의 승리가, 반드시 고통 속에서 쟁취된다'는 믿음은 변두리의 서민들과 함께 조기축구를 하면서, 그들의 삶에 귀를 기울이면서, 함께 나눈 술자리에서 구체화되었다. 거기서 '나와 이웃들의 고통의 현장에서 한발자욱도

5 권영민, 『현대문학사』, 민음사, 1993, 245쪽.
6 김종철, 『詩와 歷史的想像力』, 문학과지성사, 1978, 65쪽.
7 이성부, 「後記」, 『百濟行』, 창작과비평사, 1977, 131쪽.

비켜설 수 없'게 된 것이다. 그것을 거슬러 올라 역사 속에서 구체화시켜 나갔다.

벼는 서로 어우러져
기대고 산다.
햇살 따가와질수록
깊이 익어 스스로를 아끼고
이웃들에게 저를 맡긴다.

서로가 서로의 몸을 묶어
더 튼튼해진 백성들을 보아라.
죄도 없이 죄지어서 더욱 불타는
마음들을 보아라. 벼가 춤출 때,
벼는 소리없이 떠나간다.

벼는 가을 하늘에도
서러운 눈 씻어 맑게 다스릴 줄 알고
바람 한 점에도
제 몸의 노여움을 덮는다.
저의 가슴도 더운 줄을 안다.

벼가 떠나가며 바치는
이 넓디 넓은 사랑,

쓰러지고 쓰러지고 다시 일어서서 드리는
이 피묻은 그리움,
이 넉넉한 힘…….

―「벼」 전문

인용시는 연대의식을 잘 보여주는 시편 중의 하나이다. 잘 파악하기 위해서는 동학농민전쟁으로 거슬러 올라가야만 한다. 피폐한 삶의 끝자락에서 억압과 분노의 사슬을 끊고자 일어섰던 동학농민전쟁은 이 시의 모티브다. 농민들의 처지란 예전이나 지금이나 그리 달라진 것은 없다. 관과 지주와 소작농의 관계는 지배와 피지배라는 계급적인 차원을 떠나 지금도 여전히 유효하다. 농민들이 지은 죄 없어도 죄목이 쌓여가고 정당한 권리를 수탈당하는 모순과 부조리를 극복할 수 있는 것은 오로지 힘을 모으는 일이다. 그것이 농학농민전쟁으로 표출된 것이다. 그렇다면 위의 시에서 '벼'로 상징되는 것은 '백성', 혹은 민중, 더 구체적으로는 농민이라고 할 수 있을 것이다.

'벼'가 '서로 어우러져 / 기대고 산다'는 것은 품앗이와 두레 뿐만 아니라 '서로가 서로의 몸을 묶어 / 더 튼튼'한 연대와 생명의 공동체를 의미한다. '쓰러지고 쓰러지고 다시 일어서'는 가난한 이들의 생명력은 한 알의 씨앗이 되어 '익어 스스로를 아끼고 / 이웃에게 저를 맡기'는 희생으로 공동체를 형성한다. 벼는 서로를 기대고 의지하여 익어 '넓디넓은 사랑'의 밥이 됨으로써 '넉넉한 힘'이 되듯이, 농민들은 농민들끼리 서로 힘이 되어 의지하며 쓰러지지 않는 연대와 생명의 공동체를 이룬다. 이 숭고한 사랑은 너와 내가 하나가 되어 함께 어깨를 기대고 살

수 있는 삶을 꿈꾸게 한다. 이것은 '나와 이웃들의 고통의 현장에서 한 발자욱도 비켜'서지 않았기 때문이다. 따라서 이 시는 처절한 밑바닥 삶의 '버림받은 사람들의 승리'를 위한 연가이다.

비판적인 의지와 창조적 감성의 조화가 이룬 이성부 시의 시적 성취는 미학이 부재한다고 치부되어온 민중시에 대한 동안의 논의를 일거에 소거시킨다. 이는 감성의 절제와 언어의 균형미를 통해 발현되는 것으로 강렬한 메시지가 발산하는 선동적이고 선정적인 것과는 궤를 달리한다. 이념의 도구로서의 시가 아니라 민중적 정서의 반영으로서의 민중시의 한 차원을 개척하고 있는 것이다. 냉철한 역사의식에 바탕하되 민중들의 가슴 깊은 곳에 가둬둔 감정을 퍼올림으로써 감응을 확산시켜가는 것은 이성부 초기시의 핵심이다. 그는 "노동자들과의 인간적 접촉은 이후 나의 시를 사회적 현상과 결코 떼어놓고 생각할 수 없다는 결론에 이르게 하였다. 서민적 정서나 서민적 삶의 조건들은 언제나 내 관심의 중요한 부분을 차지했다. 평범하고 이름없는 사람들의 정서야말로 내 시의 원천"[8]이라고 했다. 이것은 민중들의 한, 또는 전라도의 역사 속에 습합되어 온 한의 심미적인 승화이다.

> 상처를 감출 수 없는 사람들이 평생 그렇게
> 감내하며 살다 가는 것을 나도 보았네
> 이마에 주홍글씨를 문신으로 새긴 채
> 뼈만 앙상하게 남은 사람이

8 이성부, 「『우리들의 糧食』을 쓸 무렵」, 『저 바위도 입을 열어』, 나남출판사, 1998, 521쪽.

뭐라고 자꾸 헛소리를 하고 팔 휘저으며 걸어가네
세상에 들켜버린 영혼들
이리 차이고 저리 차여
더 질긴 목숨으로 저를 지탱하며 가네

—「뿌리」 부분

그는 역사의 불행을 자신의 불행과 동일시하는 경향이 농후하다. 곧 시대의 불행이 자신의 불행으로 이어지고 있다는 시적 언술 속에서 역사의식과 민중의식을 만날 수 있다. 그래서 김종철의 "이성부보다도 더욱 어둠 뒤의 밝음 또는 절망 뒤의 희망을 열심히 그리고 감동적으로 묘사할 수 있는 시인은 없다"[9]는 주장은 적실하다. '상처를 감출 수 없는 사람들'과 '뼈만 앙상하게 남은 사람'이지만 '이리 차이고 저리 차여'도 '더 질긴 목숨'으로 지탱하는 것은 꺾이지 않은 의지가 있기 때문이다. 이 생명력의 원천이 '뿌리'이다. 이 뿌리는 '전라도 정신'이다.

해마다 봄으로 떠난 사람들이
낯붉히며 도망가듯 떠난 사람들이
이제는 하나씩 돌아온다.
죽지 하나가 찢겨진 채
그리하여 그들은 돌아온다.
모르는 땅의 헤매임이란

9 김종철, 『詩와 歷史的想像力』, 문학과지성사, 1978, 65쪽.

얼마나 더디고 더딘 꿈이었던가.
만나는 사람마다 만남을 알 수 없는
깊은 슬픔 속에 주저앉고 마는,
모르는 땅의 모르는 몸들.

그리하여 그들은 돌아온다.
그들을 떠나 살게 한 어둠 속으로,
과거 속으로, 혹은 당겨지는 미래 속으로
사랑의 한 점
진한 언어를 찍기 위하여
그들은 보다 힘차게 돌아온다.

—「귀향」 전문

인생은 떠남과 돌아옴의 반복이다. 정주하는 삶은 평화와 안정을 보장한다. 정주할 수 없는 삶은 긴장과 불안을 동반한다. 이때의 이주가 자발적인 이주가 아니고, 구조적으로 안고 있는 부조리 때문이라면 한 개인의 심리적인 평화와 안정을 기대하기란 요원하다. 인용시의 '해마다 봄으로 떠난 사람들'과 '낯붉히며 도망가듯 떠난 사람들'은 자발적인 이주자들이 아니다. 이들은 식량이 바닥난 때인 '봄'에 떠난 사람들이다. 이들은 찌든 가난과 가혹한 수탈로 목구멍에 풀칠하기 어렵고, 피죽 한 그릇 먹기 어려운 '보릿고개'를 넘겨보고자 빠른 걸음으로 '도망가듯' 떠난 사람들이다. 그러나 이들은 '모르는 땅의 헤매임'에 종지부를 찍고, '죽지 하나가 찢겨진 채' 상처 입은 몸으로 돌아온다. 그들은 생명력의 원천인 '뿌리', 고향을 찾아 돌아온다.

위의 시에서 고향을 등지고 떠났던 이들에게서 삶의 절박함을 확인할 수 있다면, 돌아오는 이들에게서 심리적인 안정과 평화를 더 갈구하는 모습을 확인할 수 있다. 가난한 삶에서 벗어나고자 하는 절박함으로 떠난 도시에서 겪은 삶의 피폐함은 '함께'한 공동체인 '뿌리'를 다시 찾아오게 하는 동인으로 작용한다. 그래서 '떠나 살게 한 어둠'과 '과거'와 '미래 속으로', '모르는 땅의 모르는 몸들'을 과감하게 버리고, '보다 힘차게 돌아'온다. 공간과 시간을 공유한 고향 사람들과의 심리적인 연대는 '진한 언어'인 귀향을 감행하게 한다. '귀향'은 안정과 평화를 주는 언어이며, 영원한 머묾을 제공하는 언어이다. 그래서 고향은 모든 이들의 안식처가 된다.

별들이 내려와 그 눈을 맑게 하고
바람 한 점
그 손길로 옷깃을 여며 주네.

어둠 속에서도
눈밝혀 걸어오는 사람들의 발자국 소리,
귀에 익은 두런거림.

먼 데서 가까이서
더 큰 海溢을 거느리고 사랑을 거느리고
아아 기다리던 사람들의

돌아오는 소리 들려오네.

—「백제행」 부분

백제 사람들인 "반도 서남쪽 사람들"의 마음은 "대지"(「백제1」)에 있다. 넓은 벌판의 곡창지대에 사는 전라도 사람들의 마음은 오직 땅에 있다. '땅은 거짓말 하지 않는다'는 전라도 사람들의 신념이 반영된 시이다. 역사적 체험은 자연스럽게 이성부 시의 체질이 되었다. 떠났던 발길, 결국은 다시 돌아갈 수밖에 없는 곳이 '반도 서남쪽', '백제'의 땅이다. 귀향하지 않을 수 없는 곳으로 돌아가되 혼자서가 아니라 '먼데서 가까이서 / 더 큰 해일을 거느리고 사랑을 거느리고' 돌아온다. 이 장엄한 발길은 누구의 발길인가. 먼데서부터 가까이까지 한 사람 한 사람이 모여 거대한 힘으로 오는 이 발길은 누구의 발길인가. 백제로 발길을 돌리고 있는 이들은 바로 전라도 넓은 '벌판에서 태어난 목숨'들이다. 이들이 강한 연대의 힘으로 뭉쳐 '잡혀버린 몸'을 일으켜 '어둠 속에서도', '사랑을 거느리고', '뿌리'를 찾아 돌아온다.

찬바람 벌판 어둠 끝에서
혼자 걸어오시던 이
한 마리 학처럼 목이 길게
느릿느릿 걸어오시던 이

그 큰 두 팔로
이 고장 사람들의 슬픔을 껴안으며

이 고장 사람들의 희망을 어루만지던 이

넓은 가슴으로 어깨로
이 고장 사람들과 함께 승리했던 이
저 들판 적시는 영산강만큼이나
넘치는 사랑 그 안에 담고 있는 이

오늘은 근심걱정 다 마감하고
훌훌 손 털고
다시 그 벌판 혼자서 걸어가시네
빈山 뒤에 두고 가시네

—「빈山 뒤에 두고」 전문

이 시의 '이 고장'은 "우리 민족의 정한이 응력된 결핍의 상징"이며 "중심으로부터 소외된 변두리, 권력으로부터 추방당한 유배의식, 역사적으로 억압받은 강박관념, 늘 빼앗기고 고통받아온 수탈의식 등이 종합적으로 복잡하게 어울린 장소의 상징"[10]이다. 그럼에도 불구하고 '찬 바람 벌판 어둠의 끝에서' 고고하게 '넓은 가슴으로 어깨로', '넘치는 사랑을 그 안에 담고' 걸어온다. 그렇게 걸어오는 사람 '무등산'은 두 팔을 벌려 광주를 보듬어 안고 슬픔이나 기쁨이나 할 것 없이 모든 것을 품는다. 무등산의 '무등(無等)'은 평등을 상징하는 공간으로 의미화

10 정한용, 「넉넉한 사람의 힘」, 『저 바위도 입을 열어』, 나남출판, 1998, 533쪽.

되었고, 광주민중항쟁을 거치면서는 광주사람들과 함께 하는 존재가 되었다. '근심걱정 다 마감'하여 돌아갈 곳인 무등산은 그렇게 그를 지켜주었고, 그 또한 '무등산'을 그렇게 노래했다.

이성부 시인은 자신이 태어나 자란 공간, 구체적인 체험공간이 가지는 의미를 절대화하면서 또 다른 경험공간을 산출하였다. 인간은 수없이 많은 경험과 체험 공간을 거치지만 원초적인 공간에서의 경험은 전 생애를 지배하는 강력한 기제로 작동한다. 이성부에게 무등산이 그런 곳이었다. 셀 수 없이 올랐던 무등산, 그리고 추억들은 또 다른 산에 오르지 않으면 안 되는 모종의 국면들이 그를 기다리고 있었던 것이다.

3. 이분법의 해체, 백두대간으로 들다

시문학사 속에서 근대 이전의 산은 대부분 관조와 소요의 대상이다. 근대 이후의 산은 유산의 대상이었다. 그런 산이 이성부에게는 직접 대면하는 대화의 대상이자, 역사와 인물들을 만나는 공간이 되었다. 그는 관념적인 공간으로 머물렀던 산을 실재적인 공간으로 현재화 하였으며, 백두대간의 구석구석을 온몸으로 누비면서 그 속에 숨어있는 역사와 문화, 인물들을 호명해냈다. 이성부만큼 백두대간을 속속들이 만나고 들여다보고 대화하며 노래한 시인은 일찍이 없었다. 아니 앞으로도 없을 것이다. 그가 산에 들어 산의 시인이 된 것은 결코 자발성에 의한 것이 아니었다. 그럼에도 불구하고 그는 산에 미친 시인이 되었다. 어쩌면 그가 산을 찾은 것은 우연을 가장한 필연이었는지도 모른다.

5・18광주민중항쟁은 이성부 삶의 변곡점이었다. 당시 그는 정론직필을 요하는 언론사에 근무하고 있었기에 광주의 참상은 받아들이기 어려웠다. 광주와 함께 하지 못한 것에 대한 죄의식에 몸부림치다 절필을 한 것은 시와 삶의 일치를 꿈꾸었던 그가 할 수 있는 최선의 선택이었다. 그에게 시는 "자기의 전체, 심장이며 손이며 다리, 살과 피와 정신이 한데 엉킨 자기의 온몸을 나타내"[11]는 것이었다. 그랬던 그였기에 일명 '광주사태'는 시인을 죽음으로 몰아가기에 충분한 사건이었다. 광주는 고립된 채 폭도들의 도시로 낙인 찍혀 반란의 도시로 전락했고, 언론은 진실을 왜곡하기에 바빴다. 시가 인간의 영혼을 아름답게 한다고 여겼던 그였지만 광주의 현실 앞에서 시를 쓴다는 것은 의미 없는 일이었으며, 시는 더 이상 아름다울 수 없었다. 그는 언어가 기만과 폭력의 도구로 쓰이는 것에 분노하였고, 그 언어로 광주시민을 폭도로 몰아가는 것에 절망하였다. 그래서 다음과 같은 시를 쓰고 난 후 그는 시를 쓰지 않았다.

> 무릎 꿇어 엎드리는 것이 어찌 사람뿐이냐.
> 바보가 된 우리들의 말이
> 벙어리가 된 우리들의 말이
> 걸레보다도 더 더러운 것이 되었을 때,

11 이성부, 「삶의 어려움과 시의 어려움」, 『창작과비평』 통권 14호, 1969 여름.

개백정처럼 난지도처럼
동서남북 어디에고 다 입 벌려 귀를 벌려
온갖 잡귀 받아들일 때
우리들의 말이 어찌 우리 말이 될 것이냐.
그 많은 죽음에도 싸움에도 등을 돌렸던 말
고요히 숨죽여 고개 숙인 말
말이기를 버린 말
침묵의 충혈인 말!

—「시의 어리석음」 부분

'자기의 전체'였던 시가 이제는 '바보', '벙어리'보다 더한 아니 '걸레보다 더 더러운 것'이 되어버렸다. 그것은 말이 될 수 없었다. '개백정'이나 '난지도'처럼 '잡귀'들의 말일 뿐이었다. '죽음에도 싸움에도' 등을 돌리고, '말이기를 버린 말'로 시를 쓴다는 것은 '걸레보다 더러운'것이 되는 것과 다름없는 일이었다. 시는 순결한 말로 쓰는 아름다운 것이어야했다. 그랬던 시인이 '걸레보다 더 더러운'말로 시를 쓸 수는 없는 것이었다. 그것은 미친 듯이 퍼마셔댄 술로도 해결될 수 없는 것이어서 시인은 스스로를 유배시키고 만다.

나는 싸우지도 않았고 피 흘리지도 않았다.
죽음을 그토록 노래했음에도 죽지 않았다.
나는 그것들을 멀리서 바라보고만 있었다.
비겁하게도 나는 살아 남아서

불을 밝힐 수가 없었다. 화살이 되지도 못했다.
고향이 꿈틀거리고 있었을 때,
고향이 모두 무너지고 있었을 때,
아니 고향이 새로 태어나고 있었을 때,
나는 아무것도 손쓸 수가 없었다.

—「유배시집 5—나」 전문

시인은 5·18광주민중항쟁이 잔혹하게 짓밟힌 뒤 늘 자학 속에 있었다. 고향에서 벌어진 참상 앞에서 '싸우지도', '피흘리지도', '죽지도' 않고, '바라보고만 있었다'는, '불을 밝'히지도 '화살이 되지도' 못하고 '아무것도 손쓸 수 없었'다는 무력감은 자학을 넘어 죄의식으로 확장되어 갔다. 그는 죄의식에 괴로워하다 결국 세상과 철저한 단절, 고립무원으로 스스로를 유배하기에 이른다. 절해의 고도에 유폐시킨다고 그 죄의식이 사라지는 것은 아니지만 그렇게라도 하지 않으면 안 되었다. 그 유배는 광주사람들의 고립된 심정과 고향이 '꿈틀거리고 있었을 때'와 '모두 무너지고 있었을 때' 함께 하지 못한 것에 대한 속죄의식이었다. 그가 자학과 유배 속에서 '살아있다는 사실만으로 죄인'이 되어 있을 때, 그를 끌어안고 품어준 곳이 '산'이었다.

80년 5월은 잔인했다. 그때 나는 신문 기자였다. 아무 일도 손에 잡히지 않았고, 아무런 말 한마디 뱉을 수도 없었다. 가슴이 터질 것 같은 노여움과 서러움을 안으로 삭이느라, 밤이 되면 술만 퍼 마셨다. 나는 자꾸 동료나 친구들로부터 떠나 외진 곳으로만 돌았다. 광주는 내가 태어나고 자라고 공부

했으며, 내 문학에의 열정을 키워준 고향이었다. 그 고향이 온통 무너져 가는 것을 들으면서, 나는 날마다 절망의 나락으로 떨어지는 나를 보았다. 모든 시라는 것, 아니 모든 말과 문자로 쓰여지는 것들에 대한 불신과 혐오가 나를 채웠다. 이 무렵 시와 언어와 문자를 경멸하는 시를 몇 편 썼으나, 가슴만 더욱더 답답해질 뿐이었다. (…중략…) 나는 내가 '살아 있다'는 사실 하나만으로 죄인이었다. 나의 문학적 이상이 군화 발바닥에 의해 짓뭉개졌을 때, 이미 나는 시인일 수가 없었다. 진실과 허위, 정의와 불의, 삶과 죽음 따위의 가치가 뒤바뀐 사회에서 많은 사람들이 숨죽이고 살아야 했다. 현실도피와 자기 학대를 겸한 산행은 이처럼 나의 비겁함으로부터 시작되고 강행되었다.[12]

1980년 당시 저는 신문사에 있었는데. 그때 모든 언론에 대해 검열이 워낙 심했어요. 중위 대위급들이 앉아서 한 줄 한 줄 모두 검열을 했으니까요. 군사 정권에 조금만 불리하면 그것이 비록 사실일지라도 모두 지우는 겁니다. 그때 이런저런 통로와 경험으로 광주 이야기를 들었는데, 신문에서는 계속 '적도'니 '불순분자들'이니 매일매일 매도했어요. 저는 참으로 암담했습니다. 이제 '언어'라는 것은 완전히 허위구나. 완전히 가짜구나, 정말 견디기 힘들었습니다. 그때부터 침묵으로 들어갔어요. 역설적으로 그래서 '산'을 만나게 됐지요.[13]

위의 글들은 그가 산을 오르게 된 내막을 알려주고 있다. 어느 날 갑

12 이성부, 「산속으로 뻗은 시의 길」, 『지리산』, 창작과비평사, 2001, 145~148쪽.
13 유성호, 「'역사'를 넘어 '산'에 이르는 길」, 『산이 시를 품었네』, 책만드는집, 2004, 25쪽.

자기 '적도', '불순분자'가 되어 버린 고향의 사람들, 그 처참한 학살 앞에서 '진실과 허위, 정의와 불의, 삶과 죽음 따위의 가치가 뒤바뀐 사회에서 많은 사람들이 숨죽이고 살아야' 한다는 사실은 고통 그 자체였다. 그것을 피해 몸을 함부로 굴리며 학대하기 좋은 곳, 부끄러움을 숨길 수 있는 '산'을 만났다. 한마디로 광주의 비극 앞에 살아있다는 그 자체가 죄였던 시인이 유배의 끝자락에서 만난 '산'은 현실을 정면으로 응시하게 하였다. 현실을 피해 도망갔던 '산'은 역설적으로 역사를 만나고 역사 속의 인물들을 만나서 호명하고 현재화해 나가게 만들었다. 시인이 말하는 것처럼 현실을 도피하기 위해 숨어든 곳에서 더욱 명징하게 역사와 현실을 보게 된 것이다. '산'은 오히려 그의 긴 침묵과 유배를 풀게 하였으며, 건강한 역사와 산하와 대면함으로써 자기의 온몸을 다시 살려낼 수 있게 하였다. "이 길에 옛일들 서려 있는 것을 보고 / 이 길에 옛 사람들 발자국 남아 있는 것을 본다 / 내가 가는 이 발자국도 그 위에 포개지는 것을" 확인하면서 그는 그렇게 지리산의 역사를, 사람들을 불러내면서 내면 속에 쌓여 있던 시에 대한 갈망도 터트리게 된다.

> 이 길에 붙으면 나는 항상 몸과 마음이 따로 논다 썰물처럼 나에게서 빠져나온 마음이 높은 데서 나를 내려다본다 잘 드러난 바다 뻘 같은 몸 보인다 쩔쩔매고 어리석기 삼장법사 손아귀에서 날뛰는 원숭이 같다 입김이라도 불어 떨어뜨리고 싶다 잘못한 일 너무 많아서 저리 땀흘리며 안간힘을 쓰나 그래도 살겠다고 저리 부비적거리나 어거지로 올라와서 두 팔 벌리고 푸른 하늘 읽어본들 무슨 소용이더냐 올라오는 과정 이미 바르지 않았으니
>
> —「부끄러운 등반」 전문

그러나 아직은 부끄러운 자의식 속에서 자유롭지 못하다. 현실과 대면하는 싸움보다 산으로 도피했다는 부끄러운 자의식 때문이다. 현실을 피해 산으로 숨어든 것 자체가 '살겠다고 저리 부비적거리나 어거지로 올라'온 것인 만큼 '과정 이미 바르지 않'았다. 그의 이 고백성사는 기형적인 역사가 한 시인의 의식구조의 분열을 초래하였음을 목도하게 한다. 그리고 "군화 발바닥에 의해 짓뭉개졌을 때, 이미 나는 시인일 수 없었다. 진실과 허위, 정의와 불의, 삶과 죽음 따위의 가치가 뒤바뀐 사회에서 많은 사람들이 숨을 죽이고 살아 현실을 외면했다는 죄의식"[14]은 "나에게서 이미 내 잘못 드러났"(「바위타기1」)다고 자신의 탓으로 돌린다. 방어기제로 작동하는 자기고백은 돌출된 상처를 치유하는 과정으로 욕동하면서 시는 더 건강해진다. 그래서 "더 강건하고 더 넉넉하고 더 너그러워"[15]져, "뿌리 스스로 뽑아들고" "세상 속으로"(「숨은벽2」) 나오게 된다. 자학과 자책으로 일관하던 시가 오히려 단단하게 뭉친 자의식의 시를 동반하고 돌아왔다.

> 이제 비로소 길이다
> 가야 할 곳이 어디쯤인지
> 벅찬 가슴들 열어 당도해야 할 먼 그곳이
> 어디쯤인지 잘 보이는 길이다
> 이제 비로소 시작이다
> 가로막는 벼랑과 비바람에서도

14 이성부, 「시인의 말」, 『지리산』, 창작과비평사, 2001, 147~148쪽.
15 신경림, 「산을 통해서 세상을 보는 시인」, 『신경림의 시인을 찾아서』, 우리교육, 2004.

물러설 수 없었던 우리
가도 가도 끝없는 가시덤불 헤치며
찢겨지고 피흘렸던 우리
이리저리 헤매다가 떠돌다가
우리 힘으로 다시 찾은 우리
이제 비로소 길이다
가는 길 힘겨워 우리 허파 헉헉거려도
가쁜 숨 몰아쉬며 잠시 쳐다보는 우리 하늘
서럽도록 푸른 자유
마음이 먼저 날아가서 산넘어 축지법!
이제 비로소 시작이다
이제부터가 큰 사랑 만나러 가는 길이다
더 어려워 바위 벼랑과 비바람 맞을지라도
더 안 보이는 안개에 묻힐지라도
우리가 어찌 우리를 그만둘 수 있겠는가
우리 앞이 모두 길인 것을……

—「우리 앞이 모두 길이다」 전문

산과 함께 한 절필의 기간은 '이제 비로소 길이다'는 선언을 가능하게 한 산고의 시간이었다. 시인이 스스로를 유폐시켜 '이리저리 헤매다가 떠돌다가' 산을 만나고서야 '가야야 할 곳'과 '당도해야 할 먼 그곳'이 어디인지 분명하게 알게 되었다. 그리고 그동안의 시간과 결별을 선언한다. 산의 오르막과 내리막은 인생의 여정과 다르지 않다. 산에 오르면서야 길이 보였고, 거기서 '비로소 시작'이라는 확언은 그의 시를 역동적으로 변모시킨다. 시의 역동성 안에서 품어져 나오는 남성적인 힘은 '이제부터가 큰 사랑을 만나러 가는 길이다'에서 여실하다. 뿐만 아니라 '우리가 어찌 우리를 그만둘 수 있겠는가'에서 연대는 더욱 견고해지고, 의지는 더욱 강해진다.

> 나를 밀어올리고
> 나를 솟구치게 하는 그 소리
> 꽃잎처럼 떨어져간 그대들 소리
> 소리가 없으므로
> 다 끝났다고 생각하는 것은 잘못이다
> 그것이 평화라고 하는 것은
> 더더욱 잘못이다
>
> —「바위타기3」 부분

'꽃잎처럼 떨어져 간 그대들'의 소리가 나를 '밀어올리'고 '솟구치게'하는 소리가 되었다는 것도 앞서의 언술을 확인케 한다. 「바위타기」와 「화강암」 연작시의 견고한 광물성은 앞의 자기 고백적이고 자기 성찰적인 시를 넘어 단단하고 거친 남성적 이미지로 채워진다. 이로써 의식구조의 분열을 극복하고, 남성적 이미지와 역동성은 강화되고 있다. "암벽에서 내 몸을 함부로 굴리기 시작했다. 몸을 학대할수록 정신이 맑아지는 것을 알았다. 그러므로 산은 나를 숨기는 도구가 되었다. 비겁하게도 나는 산에 미쳐감으로써 쾌락에 길들여졌다"[16]는 진술은 시인이 산을 만나면서 변화된 시적정서가 현실과 타협할 수 없는 힘으로 표면화되기에 이르렀음을 보여준다.

그는 시집 제목으로 『지리산』을 붙인 만큼 1000회 이상 '지리산'에 올라서야 "세상에 나아가서 부대끼는 사람보다 / 세상에서 숨어 귀 막고 가린 사람이 / 세상을 잘 터득하는 법"(「다시 남명 선생」)을 알았고, "돌쇠 개똥이 삼봉이 / 이름 천한 사람"이 "눈 밭의 댓이파리"(「산죽」)로 산다는 것을 알아차린다. 그리고 "얼음 들어 검푸른 발가락 잘려나가도 스스로는 아깝지 않았던 목숨들"을 만나면서 "마음속 뜨거운 불꽃"(「단풍이 사람을 내려다본다」)을 피우기도 한다. 이렇듯 지리산은 시인을 끊임없이 들여다보게 하는 거울이 되어 역사 속의 수많은 인물들과 조우하면서 과거와 현재를 넘나들게 한다. 그 과정에서 시인은 "하나를 더 배우고 더 깨우쳐서"(「남겨진 것은 희망이다」) "날마다 내가 아닌 다른 내가 되어"(「그들은 지금 어디 있는가」) "사랑하는 것들 멀리 떨어져 바라보아야 더 잘 보"(「보석」)인다는 사실을 자각한다.

> 산을 배우면서부터
> 참으로 서러운 이들과 외로운 이들이
> 산으로만 들어가 헤매는 까닭을 알 것 같았다
> 슬픔이나 외로움 따위 느껴질 때는 이미
> 그것들 저만치 사라지는 것이 보이고
> 산과 내가 한몸이 되어

16 이성부, 「후기」, 『야간산행』, 창작과비평사, 1996, 118~119쪽.

슬픔이나 외로움 따위 잊어버렸을 때는
머지않아 이것들이 가까이 오리라는 것을 알았다

—「산을 배우면서부터」 부분

그에게 산은 긴장과 설레임, 그리고 새로움이었다. 산은 세상을 가르쳐 주는 학교였다. 거기서 '서러운 이들'과 '외로운 이들'을 만나고, 그 '슬픔'이나 '외로움'을 무화시켜 산과 하나가 되어갔다. 그렇기에 시간마다 다르게 변하는 산은 설레임이며, 새로움일 수밖에 없다. 그가 산에 오를 수밖에 없는 참 매혹은 "낯선 적요 속으로 들어가 안기는 일이 / 나에게는 가슴 설레는 공부"(「안 가본 산」)였다.

"바위(암벽)에서의 무서움, 극한적인 싸움에서 돌아본 생과 사물의 본질 추구가 『야간산행』이었다면, 우리나라의 큰 산줄기와 그 기슭에 얽힌 사람들의 삶 · 역사 · 문화 따위를 살펴본 것이 『지리산』과 『작은 산이 큰 산을 가린다』라고 할 수 있겠다. 『도둑산길』도 산과 내가 교감하고 말하고 깨우치고, 담담하게 세상을 내려다보았다는 점에서, 전과는 달리 더 미시적이고 또 관심의 폭이 넓어졌다"[17]

위 글에서 우리는 그가 지난 30여 년간 산과 관련한 시를 써왔다는 것을 단적으로 시사한다. 광주의 현실 앞에 살아있는 것이 부끄러움이었던 그가 산으로 도피했다고 자책하기도 했지만 오히려 산을 통해 세

17 이성부, 「시인의 말」, 『도둑산길』, 책만드는집, 2010, 123쪽.

상의 부조리와 대면하고 세상을 향한 펜은 더 강해졌다. 인간성의 복원, 원형으로 회귀, 역사의 호명은 강해진 펜의 날카로움 속에 근거한다. 세상은 늘 이분법적인 대립구도로 편 가르기를 부추겨왔다. 이런 이분법을 해체시킬 수 있는 유일한 통로가 산이었다. 해체를 통한 재생성, 이것이 이성부가 궁극으로 산을 오른 이유였을 것이다.

앞서가는 사람 쇠지팡이 두 개
바윗돌을 스칠 때 마다
내 머리 어지러워 주저앉아버리고
푸나무 건드릴 때마다 내가 아퍼
눈으로 신음소리를 낸다
씩씩하게 땅바닥 찍는 것을 보고
땅이 문 닫는 소리 저를 가두는 소리
온 세상 귀 막는 소리 나에게도 들린다

—「쇠지팡이」 전문

인용시는 산에 오르면서 몸의 무리를 견디게 해주는 쇠지팡이가 얼마나 해로운 것인지를 해명하고 있다. '바위돌'을 스치거나 '푸나무'를 건드릴 때 화자는 땅이 되고 산이 되어 아픔에 동참한다. 산은 인간중심으로 돌아가는 세계, 자연을 지배의 대상으로 삼는 인간들의 폭력에 '문'을 닫고, '귀'를 막아버린다. 화자 또한 아픔을 온몸으로 느끼며 '신음소리'를 듣는다. 자연의 아픔을 자신의 아픔으로 받아들이는 것은 시인이 산에 오르면서 인간과 자연이 분리될 수 없다는 진리를 깨달음이다. 그래서 '쇠지팡이'의 폭력성은 '나무지팡이'의 포용성을 통해 회복의 가능성을 연다. "죽은 나무마저 땅과 사람을 잇는구나 / 저녁하늘이 불그레하여 옆으로 드러누어 / 나도 너의 편이다 말씀하신다"(「나무지팡이」)는 이를 명징하게 보여준다. 여기에서 시인이 대하는 자연, 인간과 자연이 분리될 수 없는 동일성을 만나게 된다. 쇠지팡이의 금속성과 나무지팡이의 자연성의 대비, 폭력성과 포용성의 대비는 인간의 위악성과 이중성을 폭로한다. 지팡이는 찍지 않고 짚어야 "땅 기운이 내 몸속으로 들어오는 것"(「나무지팡이」)이다. 그렇기 때문에 시인은 혹여라도 하는 생각으로 "나를 자꾸 숨죽이며 돌아보"(「산속의 산」)는 버릇이 있다. 다음의 시도 마찬가지다.

> 산길을 걸어 올라갈 적에는 행여
> 벌레 한 마리라도 밟을까 봐 조심스럽고
> 드러난 나무뿌리들도 피해 가느라
> 천천히 발걸음을 딛습니다
>
> —「오르막길」 부분

이성부 시인이 산에 오를 때의 마음과 자세, 자연을 대하는 태도가 단적으로 드러난 부분이다. 옮기는 발걸음이 '벌레 한 마리라도 밟을까 봐' 조바심하는 그 모습은 마치 어린이가 모든 사물을 사람으로 대하듯 하는 것과 같다. 혹여라도 자신 때문에 그것이 아주 작은 미물일지라도 상처를 입어서는 안 된다는 모성성이 사실 이성부 시의 실체이다. 그의 시가 따뜻한 이유이다. 시인은 "산은 곧 한국인의 의식과 세계관 형성의 원형을 보여주는 자연"으로 인식하고, "산 너머 세계에 대한 꿈과 동경이 사람들의 발걸음을 백두대간에 이르게 했"[18]다고 믿는다.

산을 가자
우리를 모래처럼 부숴버리기 위해
가자
산에 오르는 일은
새롭게 사랑 만나러 가는 일
만나서 나를 험하게 다스리는 일
더 넓은 우리 하늘
우리가 차지하러 가고
우리가 우리를 무너뜨려
거듭 태어나게 하는 일!
山을 가자
먼발치로 바라보는 산이 아니라
가까이서 몸 비비러 가자
온몸으로 온몸으로 우리 부서지기 위해 가자

—「산」 전문

시인이 "산에 오르는 일이 정신과 육체를 해체시키는 작업이며 그리하여 거듭 태어나게 하는 일이며, 또 다른 육체적 정신적 결합을 강조

18 이성부, 「시인의 말」, 『작은 산이 큰 산을 가린다』, 창비, 2004, 147~148쪽.

한 시편"이라고 말한 것처럼 '비어있음의 충만'을 엿보게 한다. "온몸을 다하여 전심전력으로 더 깊이 더 높이 오를 때, 우리는 지금까지 전혀 만날 수 없었던 새로운 세계의 희열을 만끽"하는 "떨림의 세계"[19]임도 알겠다. 이것이야말로 해체를 통한 생성이 아니고 무엇이겠는가. 산은 부숴버리게 한 뒤 사랑을, 무너뜨린 뒤 태어남을 알게 하는 곳으로 승화된다. 즉 '온몸'을 죽임으로 다시 태어말 수 있다는 사실을 '산을 가자'에 담아내고 있다.

> 산에 오르던 기억은 거의 소년시대부터였다고 생각된다. 둘러보아야 모두 산이었던 풍경이 내 유・소년을 사로잡았고, 그 산이 지금도 태어난 고향처럼 내 눈앞에 많이 있다는 것은 얼마나 가슴 뛰는 즐거움인가. (…중략…) 소년 시절 광주의 무등산을 헤아릴 수 없을 만큼 많이 올라갔었다. 건빵 한 봉지만 호주머니에 넣고 가면 1천 1백여 미터의 무등산은 항상 나의 것이 되곤 하였다. 걸어서 세시간 안팎이면 광주 시내의 어느 곳에서나 정상까지 올라갈 수 있었던 산, 건빵과 계곡물로 배를 채웠던 그 산, 그런 산이 40대 중년이 된 지금의 서울에도 가까이에 많다는 것은 얼마나 행복한 일인가.[20]

앞서 이성부는 '무등산의 시인'이라고 한 바 있다. 시인이 밝히고 있듯이 그는 소년시절부터 헤아릴 수 없을 만큼 무등산을 올랐다. 산에 대한 그의 첫 경험이 무등산이었고 수도 없이 오른 곳이 무등산이다. 어린 시절에 이미 산의 매력을 알았던 것이다. 광주민중항쟁이 가한 충

19 이성부, 「가까이서 몸 비비러 가자」, 『산행』, 수문출판사, 2002, 28~29쪽.

20 이성부, 「'언제나 산을 볼 수 있음'의 행복」, 『산길』, 수문출판사, 2002, 30~31쪽.

격은 그를 산으로 들어가게 하였다지만 그것은 어쩌면 산으로 돌아갈 수밖에 없는 운명이었는지도 모른다. 그는 무등산을 다음과 같이 노래하고 있다.

> 기쁨에 말이 없고,
> 슬픔과 노여움에도 쉽게 저를 드러내지 않아,
> 길게 돌아누워 등을 돌리기만 하는 산.
> 태어나면서 이미 위대한 죽음이었던 산.
> 무슨 가슴 큰 역사를 그 안에 담고 있어
> 저리도 무겁고 깊게 잠겨 있느냐.
> 저 산이 입을 열어 말할 날이
> 이제 이를 것이고,
> 저 산이 몸을 일으켜 나아갈 날이
> 이제 또한 가까이 오지 않았느냐.

—「무등산」 부분

> 내가 어렸을 때
> 어머님께서 말씀하셨지.
> '저 산은 하눌산이여'
> '하눌님이 계시는 집이여'

—「무등산」 부분

두 편의 시 「무등산」에서 표출된 무등산은 경험의 산물이다. 시인이

어린 시절부터 경험했던 무등산은 '기쁨에 말이 없고, / 슬픔과 노여움에도 쉽게 저를 드러내지 않'는 '하늘님이 계신 집'이다. 그 무등산은 '태어나면서 이미 위대한 죽음이었던 산'이다. "산은 곧 그 산에서 태어난 사람의 마음을 그 산처럼 키워주는 것"이기 때문에 "광주에서 태어나 무등산이 무등산답게 키워놓은 많은 시인들"은 "끊임없이 고향의 그 튼튼한 기상과 기백을 노래"[21]하였다. 무등산은 이성부에게 '가슴을 뛰게 한 산'으로 "특유의 민중적 상상력과 굵은 역사의 음역을 지속"[22]하게 하는 토대를 제공하였다. 무등산이 '입을 열'고 '몸을 일으켜 나아갈 날'을 위하여 무등산을 노래하기 멈추지 않았던 무등산을 다음과 같이 기록하고 있다.

> 나는 어린시절부터 산에 대한 호기심과 모험심이 유달리 많았다. 어른들은 그 산을 '한울님이 계시는 산'이라고 했다. 하루에도 몇 번씩 그 거대하면서도 포근한 먼 산을 바라보며 자랐다. 그 산은 마치 나의 고향인 자그마한 도시를 그 큰 두 팔로 껴안은 듯 감싸고 있었다. 중학교에 다니면서부터 나는 일요일이면 그 산을 오리내리기 시작했는데, 갔다왔다 60리(24km)나 되는 산행인데도 마냥 즐거운 추억들 뿐이다.[23]

> 나는 스스로 외로워지기 위해서 산으로 갔다. 산에서 외로웠을 때에라야 나는 비로소 자유와 야성과 희망의 내음을 맡을 수가 있었다. 산에서 도시로

21 이성부, 「무등산이 키운 시인들」, 『저 바위도 입을 열어』, 나남출판, 1998, 528쪽.
22 유성호, 「'역사'를 넘어 '산'에 이르는 길」, 『산이 시를 품었네』, 책만드는 집, 2004, 3쪽.
23 이성부, 「산이 거기에 있으니」, 『산길』, 수문출판사, 2002, 18쪽.

돌아올 때마다 그 외로움은 나에게 활기의 원천이 되어 주었다. 강한 호기심과 모험심 · 도전 · 고독은 그러므로 나의 삶과 시의 동력이라고 생각한다. 외로움과 무서움을 피해 가지 않는 생이 곧 산악정신이 아닌가.[24]

무등산에 관한 시와 산문에서 그가 무등산의 시인이 될 수밖에 없었음을 알 수 있다. 전라도 사람들에게 각인되어 있는 무등산은 그냥 산이 아니다. '무등'이 말하고 있듯이 모두가 평등한 곳, 아무도 건드려서는 안 되는 신성한 공간 '하늘님이 계신 집'이었다. 무등산은 시인의 어머니, 어머니의 어머니, 어머니의 어머니의 어머니로부터 전해 오는 '하늘님이 계시는 집'이다. 그러므로 어린 시절 무등산에 올라 왜 '하늘산'인지를 알았고, 입석대에서 날고 싶다는 충동을 느낀 것이다. 시인이 산과 하나가 되고자 했던 열망의 근거지가 바로 무등산인 것이다.

그가 걸어온 시인의 길은 강한 남성적인 이미지로 고착화되어 있다. 그러나 또 다른 시 세계의 일면은 "힘차게 보였으나 속으로 연약"(「너덜겅을 내려가며」)하기 이를 데 없었다. 그래서 '설자리 잃은 사람들'을 그대로 받아주는 '착한 다른 세상'인 산을 찾아간 것이다. 그런 그가 "상처가 / 덧나고 곪고 터지고 딱지가 앉은 다음에라야 / 내 정신의 살결 더욱 튼튼해"(「바위타기」)지는 것을 알았다. 백두대간은 그가 전 생애를 거쳐 멈추지 않았던 시쓰기와 함께 넘을 수밖에 없는 곳이다. 백두대간에 영원히 들었으니 그곳에서도 시쓰기를 멈추지 마시라.

24 이성부, 「서문」, 『산길』, 수문출판사, 2002, 4쪽.

4. 나오며

전라도 광주에서 태어난 시인 이성부는 어릴 적 소원대로 평생 시인의 길을 걸었다. 중학교 시절부터 시작된 문학의 길은 광주고등학교에서 더욱 구체화 시켜나갔으며, 경희대학교에서 국문학을 전공하면서 깊어졌다. 그리고 평생을 시와 함께 울고 웃으면서 지상의 시간을 채웠다. 그의 문학적 열망은 무등산으로부터 시작되었다가 백두대간을 넘어서 전라도로 귀착되었다.

이성부시인은 평생 전라도를 짊어지고 걸었던 시적여정이었다. '한'의 고장 '끈질긴 생명'의 고장인 전라도에서 태어나 그 정서를 온몸으로 껴안았던 시인은 그래서 전라도로부터 자유롭지 못했고 광주로부터 자유롭지 못했다. 그리고 도망치듯 숨어든 산에서도 그는 역사와 현실을 벗어던질 수 없었다. 오히려 건강한 역사와 대면하여 과거와 현재의 대화를 시도하였고, 그것은 백두대간 곳곳에 스며있는 숨결들을 불러내는 것으로 구체화되었다. 그가 오른 백두대간은 우리 민족의 얼을 찾아가는 과정이었다. 그의 시 속에 고스란히 담긴 백두대간은 오롯한 민족의 역사와 문화이며 정신이었다.

'무등산'에서 시작되었던 등산의 여정 마친 시인이 떠나고 난 지금, '길이 끝나는 데서 등산이 시작된다'던 시인의 말이 의미심장하게 들린다. '산에 오르는 일이 세계를 한눈에 담는 것'이라더니 그는 영원히 세계를 한눈에 담고라도 있는 것인가. "걸어가야 할 산길과, 그 산에 서린 역사와 인문지리적 사실들을 들춰보는 일도 게을리 하지 않았다. 그 산줄기의 기슭에 기대어, 또는 그 산줄기를 넘나들며 살아왔거나 살아가는 사람들의 이야기는 아무리 공부를 해도 그칠 날이 없을 것 같다"[25]던 시인은 거기 또 누구를 만나 공부하며 시를 쓰고 있을 것인가. 혹여 먼저 간 후배시인 조태일과 나란히 앉아 광주고 시절부터 경희대시절, 그리고 수많은 술집에서 마셔댔던 술과 가난한 시인들의 삶을 안주 삼아 "그때가 참말로 좋았지이 — 잉" 맞장구라도 치고 있지나 않은지. 무등산의 시인, 전라도의 사람, 산으로 들었으니 그 또한 산이 되시라.

25 이성부, 「시인의 말」, 『작은 산이 큰 산을 가린다』, 창비, 2004, 152쪽.

조태일 시의 시어 유형과 상상력

1. 서론

조태일(1941~1999)은 1964년『경향신문』에「아침船舶」이 당선되어 등단함으로써 시단에 첫발을 내딛었다. 1965년 첫 시집『아침船舶』을 출간하며 본격적인 작품 활동을 시작한 후, 정치적 모순과 사회현실에 꾸준하게 목소리를 낸 "강골의 시인이자 반골의 시인"[1]이고 "식칼과 눈물의 시인"[2]이다. 정치 현실에 대한 투철한 문학적 응전을 통해, 사회적 모순과 억압 속에서 고뇌하는 민중들의 삶과 민족에 대한 사랑을 잊지 않았던 "민족시인"[3]이기도 하였다. 그런 점에서 그의 시는 문학적 상상

1 염무웅,「발문」,『國土』, 창작과비평사, 1975, 187쪽.
2 김화영,「식칼과 눈물의 시학」,『서울평론』, 1975.6.
3 김준태,「구산선문, 동리산의 품성을 닮은 시인」,『문예중앙』, 1999 겨울.

력이 사회·역사적 현실에 어떻게 대응해 왔는가를 잘 보여준다. 그의 시가 보여주는 현실대응 양상은 자아형성 과정에서부터 이미 자리 잡았다고 할 수 있다. 고향에서 겪은 일제의 식민체험, 여순사건으로 인한 좌우익의 치열한 대립, 광주로 피난 와서 겪은 6·25한국전쟁과 자유를 갈구했던 4·19의 체험, 그리고 5·16쿠데타와 유신체제는 개인사이면서 동시에 한국현대사였다. 성장하면서 겪은 역사적 체험이 자아형성과 시적 상상력의 동인이었고 그의 삶을 강력하게 지배해온 기제였다.

사회·역사적 현실에 대한 실천적 지식인의 면모가 부각되어온 것도 이런 역사적 체험과 무관하지 않다. 다만 이런 점이 지나치게 부각되었기 때문에 특정시기에 국한된 평가가 주를 이루고 있다. 정치와 사회현실에 대해 투철하게 목소리를 내오면서 동시에 원초적인 자연에서도 눈을 떼지 않은 시인이었다는 점이 간과되었다는 것은 문제적이다. 이러한 점은 그의 삶과 작품에 대한 다각적이고 종합적인 연구의 필요성을 제기한다. 따라서 본고에서는 다각적이고 종합적인 연구를 위해 시를 구조화하는 다양한 요소들 중에서 특히 시정신을 드러내는 언어적 기표라고 할 수 있는 시어를 분석할 것이다. 시어 분석을 위해 문학적 생애와 간행된 시집과 시 세계가 일치한다는 점에서 초기, 중기, 후기로 구분하여[4] 분석된 핵심 시어에 집중하되 시어의 유형에 따라 상상

4 시기를 나누는 기준에 의한 시기별 구분은 이미 선행연구에서 정리한 바 있다. 초기시 –『아침船舶』(1965),『식칼論』(1970),『國土』(1975); 중기시 –『가거도』(1984),『자유가 시인더러』(1987),『산속에서 꽃속에서』(1991); 후기시 –『풀꽃은 꺾이지 않는다』(1995).『혼자 타오르고 있었네』(1999).
이동순,「조태일 시 연구」, 전남대 박사논문. 2008.2, 61쪽.

력의 지평을 규명하고자 한다.

시어는 자연언어처럼 대상을 추상적으로 보여주는 것이 아니라 구체적이고 전체적으로 보여준다는 점에서 "본질적인 언어를 말하기 때문에 이 명명으로 하여 비로소 존재자가 본질로 규정"[5]됨으로써 고도의 절제된 언어를 구사하기 때문에 상상력과 밀접한 관련성을 갖게 된다. 언어를 창조함으로써 인간은 자연과 멀어지게 되었으며 추상적인 의미의 세계에 살게 되었지만 거기서 생기는 불안은 다시 원초적인 자연 상태로의 귀의를 꿈꾸게 된다. 그 중심에 시가 있으며 시의 중심에는 시어가 자리하고 있다. 따라서 시어분석을 통해서 시적 상상력을 규명하는 것은 시 세계의 본질에 다가서는 방법이 될 것이다.

2. 총칼의 언어와 전복적 상상력

조태일이 문단에 등단하여 활동한 초기에는 역사적 현실과 그의 개인사가 서로 일치하면서 역사의식을 형성하게 된다. 60년대와 70년대는 독재의 시대이자 유신체제로 일체의 자유가 허락되지 않은 시대였지만, 체제를 전복하기 위해 정면으로 도전한 시기였다. 따라서 인간의 경험을 토대로 하여 있음직한 본보기를 구성하는 힘이자 "새롭고 의미

5 하이데거, 소광희 역, 『시와 철학』, 박영사, 1977, 53쪽.

깊은 형상을 창조하는 능력"[6]인 시적 상상력은 행동하는 시가 되게 하였다. 자유로운 삶이 보장되지 않는 현실 앞에서 시인을 행동하는 존재로 규정한 것은 올곧은 시정신의 면모이다.

조태일이 생각하는 문학인은 "현실 속의 모든 비리나 허위의식"을 없애고 "미래를 창조하려는 의지"의 창조인이다. 보다 나은 미래를 창조하겠다는 의지는 시대와의 불화를 상징하는 시어를 통해서도 확인된다.[7] 특히 '칼'은 그 중심에 놓여 있다.

창틈으로 당당히 걸어오는
햇빛으로 달구었어!
가장 타당한 말씀으로 벼리고요.

신라의 허황한 힘보다야 날카롭고
井邑詞의 몇 구절보다는 덜 애절한
너그럽기는 무등산 허리에 버금가고
위력은
세계지리부도 쯤은 한 칼이지요.

6 노드롭 프라이, 이상우 역, 『文學의 構造와 想像力』, 집문당, 1987, 20쪽.

7 조태일의 시어는 여러 층위에서 분석된다. 그러나 본고에서는 시대를 상징하는 시어와 죽음을 상징하는 시어의 유형에 집중하여 논의를 진행하고자 한다. 시대와의 불화를 상징하는 시어는 다양하게 분석되지만 특히 전쟁의 도구로 쓰이는 '총칼, 총알, 총검, 탄환'과 '전쟁, 군인, 계엄군, 공수부대, 타살정국' 등은 독재 권력을 상징하는 시어들이 중심에 있다. 죽음을 상징하는 시어들도 다양하게 분석되지만 특히 '무덤, 죽음, 이승, 저승'이 중심에 있다. 이에 관해서는 시인론적인 연구를 진행하면서 시어의 유형을 분류하여 연구 결과를 도출한 적이 있다. 이동순, 앞의 논문, 2008.2.

흐르는 피 앞에서는 묵묵하고
숨겨진 영양 앞에서는 날쌔지요.
秘藏하는 데 신경을 안 세워도 돼,
늘 본관의 심장 가까이 있고
늘 제군의 심장 가까이 있되
밝게만 밝게만 번뜩이면 돼요.
그의 적은
六法全書에 대부분 누워 있고……
아니오 아니오
유형무형의 전부요.

—「식칼論 1」 전문

이 시는 지배 욕망의 양가성에 내재하는 내적인 모순을 드러내기 위해 지배 권력의 의도를 해체하고 있다. 사회와 역사와 문화의 세계가 "인간들 간의 경쟁과 이로 인한 죽음의 위협을 통해 인간의 생명이 끊임없이 인위적으로 훼손"[8]당하고 있음을 '칼'로 상징화하고 있다.

새로운 시와 시인상을 구축하기 위해 '식칼'을 들고 불의에 저항한 것은 "군부독재가 어떻게 당대의 민중을 억압하고 역사를 왜곡하는지를 지적하고 폭로하는 역사적 구체성"[9]을 드러내는 것이었다. '식칼'은 '당당한 햇빛'과 '타당한 말씀'으로 벼린 민중들의 힘이자 삶의 실체를

8 최진덕, 「생명과 죽음, 그리고 윤리—노장과 유학의 사이」, 『생명사상과 윤리』, 정신문화연구원, 2004, 145쪽.
9 김경복, 「힘의 시, 생명의 노래, 역사의 기록」, 『생태시와 넋의 언어』, 새미, 2003, 267쪽.

간직하고 있을 뿐만 아니라 날카롭고 너그럽기까지 하다는 점에서 민중의 속성과 등가적 이미지를 형성하고 있다. 법과 질서와 규율의 상징이자 국가권력의 심장부인 '적'과 '육법전서'를 향한 당당하고도 날카로운 번뜩임으로써 과학적이고 객관적 인식을 넘어서는 상징성을 확보하고 있다.

> 너희의 녹슨 여러 칼을
> 꺾어버리며, 내 단 한칼은
> 후회함이 없을 앞선 심장 안에서
> 말을 갈고 자르고
> 그것의 땀도 갈고 자르며
>
> 늘 뜬 눈으로 있다.
> 그 날카로움으로 있다.

—「식칼論 2—허약한 시인의 턱 밑에다가」 부분

'너희'들은 시대적 현실을 외면하고 공동체적 삶의 진실을 파괴하는 존재라는 점에서 억압적이지만 '뼈따귀와 살도 없이 혼도 없이', '무적의 빛'과 '지혜의 빛'을 구분하지 못한 채 왜곡된 역사, 부패한 권력만을 좇는 존재라는 점에서 기형적이다. 시적 화자는 이러한 기형적 존재에게 독재의 틀을 버리고 민중의 역사적 현실 속으로 나아갈 것을 단호하게 요구하고 있다. 시적 화자에게 이때의 '식칼'은 현실 변혁을 위한 물리적 도구에 머물지 않으며 역사의 진보를 향해 나아가는 시대정신을 포괄한다. 그들의 마음을 '동등하게 울리게'하는 동시에 '정정당당하게 어디고 누구나 보이게' 확장되어 가는 '식칼'의 이미지에 담긴 역사적 소명의식과 암울한 시대를 극복해 나가고자 하는 시인의 의지에는 전복적 상상력이 내재되어 있다.

이렇게 정치적 억압을 비판하고 역사적 현실 속으로 나아갈 수 있었던 것은 "사회의 닫힌 상징적 질서를 가로 질러서 기호의 반역적 열림"[10]을 시도하였기에 가능한 것이었다. 그런 점에서 조태일의 시어는 지배권력 이데올로기에서는 부정되고 있는 억압된 것들을 회복시키는 힘을 가지고 있다. 이런 초기 시어의 특징은 특별히 정해져 있지는 않지만 일반적인 언어를 특수하게 사용한 언어로 내포적인 기능을 활용함으로써 전복성을 담보하고 있다.

> 생각 같아서는 먼눈 썩은 가슴을 도려 파버리겠다마는,
> 당장에 우리나라 국어대사전 속의 〈改憲〉이란
> 글자까지도 도려 파버리겠다마는
> 눈 뜨고 가슴 열리게
> 먼눈 썩은 가슴들 앞에서
> 번뜩임으로 있겠다. 그 고요함으로 있겠다.
> 이 칼빛은 워낙 총명해서 워낙 관용스러워서
>
> —「식칼論 3—헌법을 위하여」 부분

10 레이먼 샐던, 현대문학이론연구회 역, 『현대문학이론』, 문학과지성사, 1990, 124쪽.

이 시는 3선 개헌안이 가결되고 2개월 후인 1969년 11월 『新春詩』 18호에 발표된 시로 장기 집권을 도모하는 정권에 정면으로 대응하고 있다. '먼눈'과 '썩은 가슴'은 개헌에 암묵적으로 동조하거나 그 실체를 자각하지 못한 것들의 상징이다. 시적 화자는 이 존재들의 침묵을 깨뜨리고 그 실체에 맞서 폭로하고 저항하겠다는 치열함은 '번뜩임'과 '고요함'과 '관용'의 이미지로 언제든지 도려낼 수 있는 힘이 잠복되어 있음을 표상한다. 때문에 민중의 힘이 모아지면 그 체제도 결국 무너질 수밖에 없다는 것을 확신케 하는 상징성을 띠고 있다. 이 시는 "삼선개헌을 강력하게 규탄한 문건"[11]으로 민중적 힘을 과시하기 위한 선언문인 셈이다. 「식칼論 4」에 이르러 정치 사회적인 폭력의 실체를 강도 높게 비판하면서 동시에 국가폭력에 대한 저항의 의지도 더욱 강화된다. 그래서 '식칼'은 누구도 쓰러뜨릴 수 없는 '무적'의 칼빛으로 '독재'보다도 더 센 힘을 갖게 됨으로써 공동체적 민중성은 확보된다. 이 시는 "어떤 부정적 논리나 자학적 취미의 산물일 수 없"[12]으며 "표준적인 문어체 어법으로부터 일탈(deviation)"[13]하여 선명한 이미지를 구축하고 있다. 그렇기 때문에 "발상자체가 혁명적"[14]일 뿐만 아니라 주제 또한 저항정신으로 일관되고 있다. 이는 과학과는 다른 방식으로 진리를 지향하면서 새로운 인식의 지평을 열어 보이고 있는 것이다. 한편 저항의

11 염무웅, 「자유의 정신으로 이슬로 버려진 칼빛언어」, 『창작과비평』, 1999 겨울, 215쪽.
12 염무웅, 『동아일보』, 1970.4.27.
13 안무카로프스키, 「언어란 무엇인가」, 박인기 편역, 『현대시의 이론』, 지식산업사, 1989, 50쪽.
14 신경림, 「크고 다감한 시, 남성적이면서 섬세한 조태일」, 『시인을 찾아서』 2, 우리교육, 2002, 133쪽.

강도는 '죽음'을 두려워하지 않은 것으로도 나타난다.

망우리 근처 푸른하늘 밑의 풀잎들은
그렇게 푸르기만 하며
푸른하늘 밑의 황토들은
그렇게 붉기만 하며
푸른하늘 밑의 무덤들은
그렇게 고요히만 누웠냐

—「푸른하늘과 붉은황토—國土·34」 부분

'무덤'은 "그 역사의 죽어버린 듯한 과거가 현재에도 살아 있고 미래에도 살아 있을 것"[15]임을 보여준다. 역사가 되어버린 '무덤'의 고요는 답답한 현실을 상징적으로 드러내고 있다. 불평을 입 밖으로 낼 수 없는 시대야 말로 가장 쉽게 전복될 수 있다는 믿음은 '죽음'도 두려워하지 않게 한 것이다.

바람섞인 햇볕 속에서 반란이 울어 난다.
죽어갔던 이름이 우러나고 시간이 우러나고
내 하체를 공비처럼 괴롭히는
즈로스의 올모양 잘 짜여지고 매끄러운 저항의 비탈,
죽음은 어차피 순간이고 영원인 걸

15 조태일, 앞의 글, 248쪽.

서툰 언어를 끌고 서툰 길일망정

오르겠어 또 오르겠어.

—「나의 처녀막 4」 부분

시적 화자가 '죽어갔던 이름'과 '시간'을 이끌어 '저항의 비탈'에 서 있는 것은 '순간이고 영원'인 '죽음'을 불사하면서 '서툰 언어'인 '시'로써 '서툰 길'인 '저항의 길'을 쉬지 않고 오르겠다는 의지의 선언이다. 따라서 '죽음'을 상징하는 시어들은 역사적 현실에 정면으로 대응하는 시대적 소명의식의 발로인 것이다. 결국 독재 체제에 대한 저항은 전경화에 의해서 표현된 제제가 주의를 더욱 환기시킴으로써 전복성은 강화된다.

이처럼 초기시는 정치현실에 인식 수단으로 포착할 수 없는 현실의 억압과 독재 양상에 대한 저항 의지를 '식칼'과 '죽음'의 총칼의 언어를 통해 상징화하면서 선명한 전복성을 갖게 되는 것이다. 불온한 시대와 처절한 싸움을 전개함으로써 억압적 현실로부터 자유와 민중의 공동체를 회복하려는 전복적 상상력의 중심에는 총칼의 언어가 자리하고 있었다.

3. 감각의 언어와 의지적 상상력

중기시에 해당하는 1980년대는 자유를 향한 몸부림과 민주화를 향한 투쟁이 하루도 쉼 없이 전개되던 시기였다. 따라서 초기의 총칼의 언어는 이 시기에 들어 자신의 현실을 사회적 현실과 결부시켜 감각의 언어로 "극적으로 기약하는 것의 정신적 자질"[16]을 내면화 시키기에 이른다.

시대적 아픔과 대결구도를 형성하고 있는 시들과 자연에 눈 돌리는 시가 공존하게 된 것은 고향 방문을 기점으로 한다. 초기시가 시대와의 불화에서 비롯된 저항과 전복의 시가 주류를 이루고 있다면, 중기시에는 시대와의 불화와 함께 자연에 눈을 돌린 시가 공존하고 있다. 이는 후기시의 변모를 예견하는 것이기도 하다.

그럼에도 불구하고 조태일의 시에는 당대의 사회적 현실과 분리될 수 없는 시어들이 지배적이다. 특히 초기시에서는 보이지 않던 시어들이 등장한 것은 특징적인 현상이다. 그 시어들로는 '계엄군', '공수부대', '성명서', '데모', '최루탄' 등이다. 이 시어들은 시대 상황을 명시적으로 드러내고 있다.

①

어느덧 쌉싸롬 상긋한 향기가
오월의 시민군보다도 더 너그럽게 내 숙취를 털어낸다

16 C. 라이트 밀즈, 강희경 · 이해찬 역, 『사회학적 상상력』, 홍성사, 1977, 23쪽.

오월의 계엄군보다도 더 무자비했던 내 생활을 내 생각들을.

—「깻잎쌈을 싸며—국토 · 58」 부분

②

가령 이런 짝지어주기는 어떨까요?
모래와 물을 짝지어주는 일 말입니다
바람과 나뭇잎을 짝지어주는 일 말입니다.
데모와 진압을 짝지어 주는 일 말입니다.

—「짝지어주기」 부분

시 ①에서 깻잎의 '쌉싸롬하고 상긋한' 미각과 후각의 복합적인 감각은 '계엄군'에 저항했던 '시민군'의 '너그러움'을 상징하며, ②에서는 결코 하나 될 수 없는 관계를 통해서 독재의 양태를 상징적으로 드러내고 있다. 위 시들은 지워버리고 싶은 독재의 흔적들이 우리의 일상적 의식구조와 언어 행위 속에 얼마나 깊이 침투되어 있는지를 직설적인 어법으로 표출하고 있다. 시대를 표상하는 시어들을 통해 극복되어야 하는 세계를 명시적으로 드러내주는 이 시들은 시적인 완결성과 미의식은 떨어지지만 강력한 메시지를 갖게 된다.

낙엽이 내린다.
공수부대의 베레모가 내린다.
대한민국의 연희동 위에
연희동의 골목 위에

연희궁의 지붕 위에 뜰 위에
캄캄한 둘만의 침실 위에

낙엽이 내린다.
오월의, 카알기의, 의령의, 제주도의,
아웅산의 떼주검들이 열사들이
눈 부릅뜨고 의문처럼
? ? ? ? ? ? ? ? ? ? ? ? ?처럼
낙하하는 낙하산처럼
당당히 내린다.

—「연희동—국토 · 65」 전문

'연희동'은 물론 군부 독재자를 상징한다. '공수부대', '5월', '카알기', '아웅산'은 많은 사람들이 희생되었던 공간들이다. 그 '떼주검'의 상처들의 원인을 규명하고 책임을 물어 곪은 상처를 도려내기 위해 시어의 자동화하고 독재의 현상을 체계화함으로써 언어의 생명력을 유지하고 있다.

또한 '낙엽'과 '?'를 통해 낙하산을 시각적으로 형상화함으로써 직관과 정서에 직접 작용하여 언어가 가진 한계를 극복하고 있다. 군권으로 장악한 권력이 행한 죽음의 실체와 그들만의 공간인 '연희궁'이 독재 권력의 산실임을 상징적으로 드러냄으로써 독재의 가장 내밀한 양상을 숨김없이 표상하고 있다. 시대를 적나라하게 풍자함으로써 "지배 권력이 추구하는 것은 피지배자와의 관계에서 얻는 심리적 만족"[17]이 결국

허상에 불과하다는 것을 '? ? ? ? ? ? ? ? ? ? ? ? ?'의 시각적인 감각으로 형상화함으로써 초기의 전복적 상상력은 시대의 변화 속에서 체화되고 내재화되어 내면적 의지를 강화하게 된다. 심리적 만족을 방해하고 대항하는 시적 자세는 '자유'를 통해 더 강하게 표상된다.

자유가 시인더러
시인이 자유더러
따귀를 올려치면서 탁탁탁 치면서
하는 소리 들어보게나.

아아, 저게 상징이구나 은유로구나
상상력이구나
아픔만 낳는 詩法이구나.
오늘 하루도 평탄치 못하겠구만.
일찍 일어나 세수부터 정갈하게 하고
구두끈도 단단히 동여매야겠구만.

—「자유가 시인더러」 전문

위 시는 자진모리의 빠른 장단에 따라 결정되는 독특한 음악적 효과를 통해 형상화하고 있다. 탁탁탁'은 '시인'과 '자유'가 맞서 싸우는 소리를 청각적으로 형상화하고 있다. 이 소리는 동편제의 밝고 남성다운

17 양석원, 「탈식민주의와 정신분석학」, 『탈식민주의 이론과 쟁점』, 문학과지성사, 2003, 62쪽.

기백의 가락으로 직조되면서 내면적인 목소리는 한층 강화되고 판소리의 형식을 패러디하여 현실의 문제는 풍자된다.

1연에서 '자유가 시인에게 / 따귀를 올려'침으로써 혹독한 자기점검을 통한 내면의지는 강화되고 2연에서는 다시 마음을 다잡고 평탄치 못할 하루를 위해 '정갈한 세수'를 하고 '구두끈도 단단히' 동여매는 행위에는 시대 앞에서 당당하게 움직이겠다는 자기 실천의지를 곤고히 하고 있다. 이런 감각적인 시어는 신체적인 체험과 경험을 넘어 정신적인 차원의 '詩法'의 한계를 넘고자 하는 의도가 내포되어 있다. 시어는 본질적으로 존재하는 것이 아니라 같은 언어 같은 메시지라도 시를 구조화하는 의도에 따라 기능이 달라진다는 점에서 그 의지는 더 확보된다.

또한 '죽음'에 대한 그의 시편들은 시대 앞에 결연했던 의지를 표상하기에 충분하다. 시작의 순간에 언어의 지배자인 시인은 바로 "경험 그 자체의 지배자"[18] 이기 때문이다.

> 시 쓰는 사람이 죽음을 생각하는 것은
> 감상일 수도 있다.
> 시 쓰는 사람이 삶을 생각하는 것은
> 언어도단일 수도 있다.
>
> 시인도 한 번 살고 한 번 죽는다.
> 죽음을 두려워하면

18 I. A. 리차즈, 이국자 역, 『시와 과학』, 이삭, 1983, 42쪽.

산다고 하지만 살아서
두 번이고 세 번이고 죽는다.

딱 한번 죽음이라야
그것이 삶이다.

—「죽음」 부분

제목부터 '죽음'인 이 시에는 시인의 자세와 의지는 더욱 심화되어 '딱 한번'의 '죽음'으로 표상되고 있다. 당대의 절박했던 상황을 암시하라도 하듯 이 시는 1980년 5·18 광주민주화운동이 일어나기 직전에 발표된 시이다. "모름지기 시는 한 시대의 노래여야 하고 암흑을 꿰뚫고 솟아난 신명"[19]임을 보여주기에 적절하다. "요놈의 세상 끝까지 저항하겠소. 내가 못하면 자식새끼들에게까지 물려줄까하오"[20]에서도 명시적으로 드러난다. "나라 앞에서 초개처럼 / 하나뿐인 목숨까지 열어 놓"(「詩를 생각하며」)는 것은 자유를 찾고자 하는 의지이며 '죽음'을 두려워하지 않는 시정신이 있어야만 가능했던 시적 실천인 셈이다. '딱 한 번'의 죽음이 상징하는 것은 역사의식·현실의식 또는 사회의식이 깔려있어야 한다는 것이 그의 문학론인 셈이다. 이러한 비판정신은 "고통스러운 상황을 견뎌내며 전복시키는 활력"[21]으로 작용하고 있다.

19 조태일, 「짧은 시들의 향연」, 앞의 책, 120쪽.
20 조태일이 임제훈에게 보낸 엽서에 있는 내용의 일부분이다. 임제훈은 조태일의 경희대 국문과 동기생으로 둘은 자주 편지를 주고 받았다. 쓴 날짜는 1968년 5월 26일이다. 이동순, 앞의 글, 참조.
21 나병철, 『소설의 이해』, 문예출판사, 1998, 300쪽.

역사적 상황에서 빚어지는 모순을 극복하기 위한 시어들은 시대의 상징이자 시정신의 상징으로 머리나 손끝으로 시를 쓰는 것이 아니라 온몸으로 시를 썼음을 말한다. 역사적 현실로부터 도피하지 않고 "비양심적이지 않기 위해 토해내는 것이며 굴절되지 않으려고 몸부림치는 가운데 뿜어져 나오는 기"[22]였던 그의 시는 고향방문을 기점으로 하여 서서히 변모하는 양상을 띤다. 그것의 핵심은 시어의 변모에서 찾아진다. 그렇다고 해서 변모양상이 현실로부터 완전한 단절이거나 도피가 아니라 역사적 현실과 자연의 공존양상으로 드러나고 있다.

저 향기, 저 향기
코를 다시
코이게 하는.

저 무데기의 모습, 저 모습들!
눈을 다시
눈이게 하는.

저 아우성, 저 아우성!
입을 다시
입이게 하는.

---

22 최하림, 「꿈틀거림의 세계」, 『심상』, 1983.7, 75쪽.

저 소리없는 어울림, 저 어울림!
사람을 다시
사람이게 하는.

—「꽃 앞에서」 부분

이 시의 시적 화자는 '꽃' 앞에서 꽃들의 움직임을 관조하면서 '꽃'처럼 있는 그대로 서로에게 맡겨 어울리는 생명공동체의 실현을 추구하고 있다. 살아 있는 자연이 실현하고 있는 서로를 향해 열려 있는 '어울림'은 있는 그대로 서로를 인정할 때, 서로를 안아줄 때 가능한 것이다. '소리없는 아우성' 그것을 통해서 마음껏 호흡할 수 있고, 볼 수 있으며, 말할 수 있다면, 사람이 사람일 수 있다는 것으로 이는 '꽃'을 통해 차이와 차별이 아니라 관계를 통한 어울림만이 하나일 수 있음을 감각적으로 보여준다. 이것은 또한 삶의 이치를 깨달은 후에 얻을 수 있는 무욕의 삶을 의미하기도 한다.

이 시는 감각성이 두르러지게 드러나고 있는데 후각과 시각, 청각의 상호 유기적 관계를 통해 하나가 되는 이치를 포착하고 있다. 이처럼 감각어는 의식이 과도하게 개념의 세계로 흐르지 않게 방지함으로써 "풀잎처럼 서서 밤낮을 앉지도 않고 죽을 때까지 함성으로 서서" (「풀잎처럼」)노래할 수 있다. 결국 서로를 있는 그대로 인정하고 어울릴 수 있기를 소망하는 화자를 통해서 자연은 자연이 될 수 있고 사람은 사람일 수 있음을 잘 보여주고 있으면서 자연과 인간의 관계를 다시 설정하고 있음을 알 수 있다. 이것은 초기시의 전복성이 진실성으로 변형, 심화되어 자연으로 확장되고 있음을 중의적으로 드러낸 것이라 할 수 있다.

이처럼 중기시어는 초기시어가 갖고 있는 전복성이 약화되기는 했지만 여전히 역사와 시대에서 멀어지지 않으면서 자연과 인간을 향한 진실성을 확보하고 있다. 시의 핵심적인 힘은 시대로 향하면서도 자연에 눈 돌리는 시가 공존할 수 있었던 것은 1980년대의 치열했던 민주화운동과 더불어 시대를 견인하는 깨어 있는 시정신이 있었기 때문에 가능했다.

4. 풀빛언어와 생명성

후기 시 세계 형성의 요인 중 생애 차원의 가장 핵심적인 변화를 고향으로의 귀향이라고 한다면, 시대적으로는 군부독재의 종식과 문민정부의 탄생이라 할 수 있다. 귀향은 유년기의 원체험을 회복하는 의미를 지니고 있다. 문민정부가 탄생함으로써 대한민국 정부수립 이후 지속되고 반복되던 군부독재가 종식되기에 이르렀고, 이에 따라 세계도 역시 생명의 소중함을 일깨우는 생태적 상상력으로 확대되기에 이른다. 가시적으로 이루어진 민주화로 역사적 상황과 민족 · 민중의 문제 천착했던 1980년대까지의 시 세계가 모든 생명의 문제로 귀착된다.

인간이 곧 자연이고 자연이 곧 인간이라는 동양적 사유는 조태일의 후기시를 이루는 근간이다. 시대와의 불화를 나타내는 시어는 초기와 중기에 비해서 확연히 줄어들었다. 시대상황과 맞물린 것이기도 하지만 결정적인 것은 지속적으로 천착해왔으면서도 표출되지 않았던 원형적인 것에 대한 지향이 표면적으로 드러났기 때문이다. 그러나 시대적 현실로부터 완전히 멀어진 것은 아니었다.

정치는 사라져라고
오뉴월 타살정국, 분신정국 사라져라고

어화 넘자 어화 넘어
이 석양을 어서 넘자.

—「석양 아래서」 부분

이 시에서 정치적인 탄압과 억압이 90년대에 들어서도 계속되고 있음을 알 수 있다. 시위대를 진압하는 과정에서 그리고 고문하는 과정에서 발생한 일련의 사망 사고와 온몸을 던져 저항해야 했던 당대의 현실을 '타살정국', '분신정국'이라는 시어를 통해 단적으로 보여주면서 그러한 정치 상황을 '석양'이 상징적으로 보여주고

쑥들끼리 모여서
쑥세상을 이루었다.

모진 생명끼리 모여서
밟히면 밟힐수록
쑥덕쑥덕거리다가

쑥덜쑥덜거리다가
쑥얼쑥얼한다.

머언 머언 옛날, 옛적
쑥 한줌과 마늘 스무 개를 먹고
굴속에서 백일동안
햇빛 보지 않아
곰은 우리네 할머니가 되었다는
이야기가 햇빛에 반짝반짝
흐른다.

그 쑥밭에 누워
그 쑥내음에 취해
우리네 하늘을 쳐다본다.

—「쑥」 전문

우리 산천의 어디나 지천으로 널려있는 국화과의 풀이자 약초인 '쑥'을 통해서는 밟히면 밟힐수록 되살아나는 민중을 상징하고 있다. 민중은 견딤으로 '쑥세상'을 연 것이다. 한편 '쑥덕쑥덕', '쑥덜쑥덜', '쑥얼쑥얼'과 같이 '쑥'의 발음을 흉내내어 변형함으로써 구어체적 민중담론을 환기시킨다. 후기시에서는 유독 의성어와 의태어의 사용이 빈번[23]

23 후기시의 시어를 분석한 결과 의성어는 36개, 의태어는 98개가 등장하고 있다. 이동순, 앞의 글, 178쪽 참조.

한데 이로 인해 시의 운율이 살아있을 뿐만 아니라 우리말의 아름다움을 한껏 살려내고 있다. 「쑥」은 '쑥'의 음성적 자질을 다양하게 변주하여 새로운 시어를 창조함으로써 철자의 변형에 따라 시의 내포적 의미를 달라지게 하고 있다. 풍부하면서도 압축되고 절제된 시어를 얻기 위해 고심했던 것이다. '쑥'은 그 자체로 다양한 암시와 연상을 불러일으키는데 시대가 요구하는 의도와 어울려 그 암시된 의미를 더욱 풍부하게 강화시키기도 하는 것이다.

이러한 시작법은 초기와 중기의 정치적 시어와 직설적 화법이 줄어들고 있음을 보여주고 있는데 시인의 오랜 삶의 체험과 언어에 대한 애정이 응축되고 명징한 시어를 구사하게 한 것이다. 이는 그의 시 세계가 후기에 들어 변모하고 있음을 반증하는 사례다. 또한 삶과 죽음을 '이승'과 '저승'으로 변형한 시어들이 많아진 것이 특징이기도 하다.

①

저승이 따로 있나
이승이 따로 있나
저승이 이승이고 이승이 저승인걸
슬퍼 말아라
우리 모두 산송장 아니더냐.

—「내 몸이 흔들릴 때」 부분

②

누가 서녘 하늘에 불을 붙였나.

그래도 이승이 그리워
저승 가다가 불을 지폈냐.

—「노을」 부분

위 두 시는 '저승'과 '이승'의 구별이 무의미하다는 걸 보여주고 있다. ① '이승이 저승'이고 '저승이 이승'이라는 구절은 논리적으로 따져보면 모순이자 역설이다. 그러나 자연계에서 삶과 죽음은 끊임없이 순환한다. 영원할 수 없는 '이승'의 삶은 이미 '저승'이나 마찬가지임을 표상한 것이다. ② 해질녘의 아름다운 '노을'이 '저승 가다'가 '이승이 그리워' 불을 지폈다는 것은 결국 '이승'과 '저승'이 따로 존재하는 것이 아니라는 인식은 삶과 죽음을 달관한 자의 깨달음 없이는 불가능한 불교의 윤회사상과 맞닿는 지점이다.

이승의
진달래꽃
한묶음 꺾어서
저승 앞에 놓았다.

어머님
편안하시죠?
오냐, 오냐,
편안타, 편안타.

—「어머니를 찾아서」 전문

'이승'과 '저승'이 등가를 형성함으로써 '이승'의 꽃을 꺾어 무덤 앞에 엎드린 화자는 '이승'과 '저승'을 넘나들고 있다. '이승'이 '저승'이고 '저승'이 '이승'인 것을 일찍이 간파한 것은 유신시절의 시대와의 처절한 싸움에서 이미 '목숨'쯤은 아깝지 않다는 것으로 표명되었다. 그런데 이 후기시에서는 시대와의 처절한 싸움이 아니라 자연과의 합일을 꿈꾸는 '저승'과 '이승'의 거리 좁히기로 나타난다. "보편적 생명과 인간 구원 사이에는 밀접한 연관이 있을 뿐만 아니라 연속적으로 재생" 될 수 있다는 것을 상징적으로 보여주고 있다. 또한 이것은 욕심 없는 삶의 자세이자 시의 지향점이기도 하다. 그것은 "풀씨가 날아다니다 멈추는 곳, / 그곳이 나의 고향"(「풀씨」)이라고 한 구절에서도 극명하게 드러난다. '풀씨'가 날아다니다가 멈추는 곳, 대지로 표상되는 자연은 모든 존재들을 살아 숨 쉬게 하는 지모신이다. 이 대지는 '풀씨'와 관계를 맺고 품에 안음으로써 차이와 차별이 아닌 생명공동체를 실현한다. 이것은 자연과 인간이 수직적인 관계가 아니라 수평적인 관계이며 인간과 자연의 순환론적인 관계를 반영한 것이다.

단풍들은
일제히 손을 들어
제 몸처럼 뜨거운 노을을 가리키고 있네.

도대체 무슨 사연이냐고 묻는 나에게
단풍들은 대답하네
이런 것이 삶이라고

그냥 이렇게 화르르 사는 일이 삶이라고.

—「단풍」 전문

'붉은 노을'과 '붉은 단풍'은 인간이 지향해야 할 삶의 태도로 표상된다. '노을'이나 '단풍'이 상징하는 것은 제 몸을 사르는 것처럼 인간도 제 몸을 뜨겁게 달구며 살아가야 삶의 참된 가치를 체현할 수 있다는 것이다. "나무들, 풀들, 숲들의 그림자들 / 제 주인 몸속으로 들어가 / 한몸 된다"(「몸과 그림자」, 『창작과비평』, 1999. 여름)에서처럼 시적 화자에게 삶은 단순한 논리로 설명할 것도 거창하게 욕심낼 것도 아님을 '그냥 이렇게' 사는 것이라고 대답함으로써 개념적이거나 객관적이지 않은 추상적이지만 구체성을 획득하고 있다. 자연과 하나가 되어 세상의 만물과 어울리는 풀빛언어는 시대상의 담론으로부터 우주 생태적 원리의 담론으로 변주되고 있다.

가만가만
들러 보아라
사방천지가
봄빛을
짜내는
찬란한
젖꼭지다.

저 젖꼭지들의

수작 앞에서

그 누가

감히

어른일 수 있으랴.

—「아이가 되는 봄」 전문(1999)

'젖'은 태어나자마자 찾게 되는 가장 적극적인 본능적 행위의 대상이다. 사방천지가 '젖'을 짜내는 어머니로 형상화되고 있는 것은 유기적 생명의 가장 깊숙한 근원을 상징하는 것이다. 그것 앞에서는 누구도 어른일 수 없는 어린 아이 같은 작은 존재일 뿐이며 인간이 다만 자연의 일부분일 뿐임을 자각할 수밖에 없다. 이 시는 시어의 내포적 의미가 강화된 것으로 개인적이고 주관적인 시의 정수를 보여주는 것으로 시어의 내포적 기능이 극대화됨으로써 대자연은 인간에게 '젖'을 물리는 어머니이고 결국에는 인간이 돌아가야 할 곳도 바로 대자연의 품임을 상징하고 있다. 소외된 인간이 소외상태에서 완전히 해방된 의미의 세계에서 실체의 세계로 귀의한 상태[24]에 다다라 대자연과 완전한 조화를 이루고 있다.

어머니는 대지이며 우주이며 최초이자 마지막의 삶을 마련해주는 안식처가 된다. '찬란한 젖꼭지'를 물릴 수 있는 원초적 낙원 '봄'이 표상하는 것은 삼라만상을 품에 안아 잠재우고 먹여주는 어머니인 셈이다. 인간에 대한 사랑과 경외 없이는 '봄'을 어머니로 인식하기 쉽지 않

24 박이문, 『詩와 科學』, 일조각, 1984, 121쪽.

다. 인간생명에 대한 경외는 "생명에 대한 하나의 관점 내지 태도로서 강조되는 것으로 도덕적이고자 하는 사람이 지녀야 할 인격적 품성과 자세"[25]를 의미하는 것이다. 결국 자연과 인간의 거리를 없애는 풀빛 시어들을 통해서도 원초적인 낙원을 상징적으로 드러냄으로써 인간은 생명의 어머니인 자연 안에서 더불어 살아야만 하는 존재임을 확인시켜 주고 있다. 다시 말하자면 언어 너머에 놓여있는 실재와의 관계에서 뜻하는 의미를 확정지어 놓고 있는 것이다.

이처럼 후기시는 풀빛언어를 통해서 자연 질서의 순환원리와 인간과 자연의 조화롭고 자연스러운 상생을 추구하는 생명성을 획득하고 있다. 순환론적인 자연 질서에 순응하며 무욕의 삶을 지향하는 시정신은 자연과 인간의 분리가 아닌 분리도기 이전의 동일화를 꿈꾸고 있다.

5. 결론

조태일은 시대와 역사적 현실에 꾸준하게 목소리를 내면서 시대와 시와 삶의 일치를 이루어온 대표적인 시인이다. 시어는 풍부한 암시성 때문에 시어 자체를 향해 관심을 집중시키면서 시가 단순한 진술이 아니라 하나의 대상으로서의 위치를 획득한다. 따라서 조태일의 시 세계

25 유병열, 「생명문화와 환경 1」, 『환경윤리이론, 생명사상과 윤리』, 한국정신문화연구원. 2004, 230쪽.

를 초기, 중기, 후기로 나누어 고찰한 바 시기마다 역사적 현실과 시의 일치를 확인할 수 있었다. 조태일 시의 시적 상상력을 규명하기 위해 시어를 분석하였으며 그 중에서 시기를 대표하는 시어인 '시대와 불화'를 상징하는 시어와 '죽음'을 상징하는 시어를 중심으로 시 세계를 밝혀보았다.

초기시의 칼빛언어는 정치 현실과 정면으로 대응함으로써 시를 통해 체제 전복을 시도한 전복성을 띠고 있었다. 이 시기는 정치적 현실에 대해 비판의 강도를 높였던 시기였기 때문에 직설적이고 대립적인 시어들을 통해 억압적 현실에 대한 강한 저항으로 참여시의 한 전형을 창조했다고 하겠다.

중기시의 감각언어는, 초기시의 전복적 상상력이 약화되기는 했지만 여전히 역사와 시대에서 멀어지지 않은 채, 시어의 핵심적인 힘은 시대로 향하면서도 자연에 눈돌리는 시가 공존하면서 진실성의 시 세계를 이루고 있다. 1980년대의 치열했던 민주화운동과 더불어 시대를 견인하는 깨어 있는 시정신이 중기시에서도 변함없이 이어지고 있음을 확인 하였다.

후기시는 풀빛언어로 인간과 자연이 동일화를 이루려는 시가 주류를 이룬다. 직설적인 시어들이 자취를 감추고 자연을 표상하는 시어들이 주류를 이루어 생명성의 시 세계를 확인할 수 있었다. 이는 자연의 질서를 거스르지 않고, 있는 그대로 존재를 인정하는 무욕의 삶을 지향하는 생태적 세계관에 입각하여 자연과 인간의 합일을 꿈꾸었음을 말하고 있는 것이다.

향토와 민속, 남도정신의 아카이브

시인 **손광은**의 문학적 생애

1. 서론

광주전남 지역은 시문학의 고장이다. 시문학의 고장으로 불리게 된 정신사적인 맥락에 대한 깊은 연구가 필요하겠지만 광주전남 지역 시인들의 문학적 영향력이 시문학사를 견인해 온 것만은 부인할 수 없는 사실이다. 전남 영광에서 민족운동을 이끌었던 시인 조운은 한국시조 시단을 대표하는 작가 중의 한사람이고, 시문학파를 이끈 박용철과 김영랑 또한 1930년대 시문학파의 중심에 있으며 그 뒤를 이은 시인 김현승도 빼놓을 수 없는 위치에 있다. 시인 조운에서 시작하여 박용철, 김현승을 거쳐 박봉우, 이성부, 조태일에 이르기까지 광주전남 지역작가들의 활약이 곧 현대시문학사라고 할 만큼 역동적이었던 것이다.

특히 1950년대부터 1960년대에 이르기까지 광주전남 지역문단에 절대적인 영향을 끼친 시인은 김현승이라고 할 수 있다. 박봉우, 박성룡, 이성부, 조태일 등이 1960년대와 1970년대 참여시의 핵심 작가들로 부상할 수 있었던 것은 김현승의 절대적인 영향이 있었다. 김현승이 추천하여 등단한 시인 중에서 광주전남 지역 출신은 32명이나 된다. 이 사실만으로 그가 광주전남 지역문단에 미친 영향력은 짐작된다. 김현승이 추천한 시인 32명 중에 시인 손광은이 있다.

시를 쓰는 건 숨을 쉬는 것과 마찬가지라고 했던 파블로 네루다처럼 '내 시는 내 삶이다'고 힘주어 말하는 손광은 시인은 시력 50년이 넘었다. 한 작가가 등단의 과정을 거치고 난 뒤 작품활동여부에 따라 작가에 대한 평가는 탄생의 순간보다는 문학적 지속성과 문학적 성취에 있다. 그런 점에서 시인 손광은은 50여년 동안 쉼 없이 시를 쓴 작가로 문학적 지속성을 유지하고 있을 뿐만 아니라 그가 이룬 문학적 성취는 광주전남 지역문단에 사건으로 남을 것이다. 손광은의 작품에 대한 본격적인 학술적 연구보다는 시집해설과 평론 등에서 손광은 시에 대한 평가를 통해서 이루어졌다. 시집해설과 발문[1] 등을 통해 손광은의 시 세계를 밝히고 있고, 손광은의 삶과 시 세계를 조명해온 평론들[2]도 있지만

---

* 이 논문은 한국문학비평과 이론학회가 주최한 학술대회 『문학 수사학의 지평과 문화적 확장』(2015.7.3)에서 발표한 것을 수정 보완한 것임.

1 김현승, 「서문」, 『파도의 말』, 현대문학사, 1972.
김현, 「발문 1」, 『파도의 말』, 현대문학사, 1972.
이성부, 「발문 2」, 『파도의 말』, 현대문학사, 1972.
김병욱, 「토포필리아의 시학」, 『고향 앞에 서서』, 문학세계사, 1996.
문병란, 「손광은의 시 세계」, 『그림자의 빛깔』, 시와사람, 2001.
김동근, 「'소리'의 시학과 존재론적 메타포」, 『내 마음 속에 눈부신 당신』, 한림, 2006.
문병란, 「살아 움직이는 현장 시집」, 『땅을 딛고 해가 뜬다』, 한림, 2007.
이성부, 「현대시에 보태는 오랜 겨레의 숨결」, 『민속의 숨결 신명을 풀어라』, 한림, 2010.

2 김동근, 「'소리'의 시학과 존재론적 메타포」, 『문학춘추』 47, 2004.5.

본격적인 학술연구는 아니었기 때문에 지역문단의 원로시인인 손광은의 문학적 생애를 규명하고 정리함으로써 시 세계에 대한 본격연구의 토대를 마련할 필요성이 제기된다. 이에 손광은의 문학적 생애를 밝혀 문학적 생애가 지역문단의 사적인 맥락과 연관성과 그 안에서 수행했던 역할이 갖는 의미를 확인하고자 한다. 시인 손광은은 지역문단의 산증인으로 여전히 왕성한 작품 활동을 하고 있지만 문학적 생애에 대한 1차적인 정리한다는 점에서 의미가 있다. 본 연구를 위하여 진행한 손광은과의 인터뷰는 중요한 구술자료의 가치로 남게 될 것이다.

2. 문학적 출발과 '시인-되기'

시인 손광은은 1936년 4월 6일 전남 보성군 노동면 금호리 254번지에서 아버지 손성행(孫聖行)과 어머니 김조내(金兆內) 사이에서 3남 1녀 중 막내로 태어났다. 막내의 특권이란 특권을 다 누린 탓에 "떼보"[3]라는 별명을 얻었다. 떼만 쓰만 안 되는 것이 없는 어린 시절을 보내면서 초등학교 입학 전에 이기남 선생에게 『사략』과 『추구』 등을 사사받았

문병란, 「손광은의 시 세계」, 『문학춘추』 47, 2004.5.
전정구, 「존재의 빛을 찾아서」, 『시와사람』 가을, 2003.
김병욱, 「강을 흘러야 강이다」, 『민속의 숨결 신명을 풀어라』, 한림, 2010.

3 손광은 인터뷰, 2015.4.10. 시인 손광은은 인터뷰를 하면서 자신의 별명을 처음으로 밝혔다. 집안의 막내로서 특권이라는 특권을 다 누린 댓가로 얻은 별명이 "떼보"라며 웃는 그 모습에서 천진난만한 모습을 볼 수 있었다.

다. 2년 뒤 간이학교가 생기자 그곳에서 공부하다가 노동남초등학교가 개교하여 초등학교에 입학하였다. 손광은은 보성 노동남초등학교를 1회 졸업생이다. 그리고 1951년 보성중학교로 진학하였다. 보성군 노동면 금호리 집에서 보성읍내의 보성중학교까지는 30리길, 왕복 60리길이었다. 그는 단 하루도 결석하지 않은 성실함으로 3년 개근상을 받았다. 새벽 4시 30분에 등교를 시작해서 한 밤중에 돌아오는 등하교길이 그에게는 책을 읽을 수 있는 도서관이었다.

손광은은 보성중학교 재학 중에 "고려대학교 재학 중이었던 이강재 선생님, 이금례 선생님(국어), 지 선생님(역사), 세 분의 영향을 받았다." 그 때부터 "시가 좋았다. 정신의 위안, 마음의 드러냄이어서 일기를 쓰기 시작했다. 내 역사는 내가 기록한다고 썼다. 그 때부터 내 시는 나의 일기이고 삶이 되었다." "책을 읽으면서, 단어를 외우면서 다닌" 학교지만 "공부는 1등을 해보지 못했"다. 고등학교는 광주에서 다녔다. "제일 가고 싶은 학교는 사범학교였는데 사범학교는 시험에서 떨어졌다. 그래서 광주고등학교는 포기하고 숭일고등학교에 입학했다. 숭일고등학교에 입학해서는 몇 배의 노력을 했다. 학교가 나를 결정해 주지 않는다."는 것을 증명하기 위해서였다. 그 결과 숭일고등학교 시절 교내 백일장에 1등으로 당선되었고 그 시는 『호남신문』에 발표되기도 하였다.

1950년대 광주는 새로운 시인들의 등장으로 문학적인 분위기가 넘쳤다. 이런 분위기는 손광은이 "김현승 시인 등 박봉우, 박성룡, 주명명, 윤삼하 등이 '하나다방'에서 시낭송회를 하면 빠짐없이 구경"[4]할

4 손광은의 구술과 「손광은 주요 문학 연보」를 토대로 정리하고 재구성한 것이다.

수 있는 기회를 제공했다. 그렇게 문단을 기웃거리다가 이성부를 만나게 되었고 「등문학」 동인회를 결성하면서 의형제를 맺었다. 손광은은 이성부와 함께 시인 김현승을 찾아 습작 원고를 들고 다니면서 시인되기를 구체화하기 시작하였다.

> 김현승 선생님께 대학 때, 1960년부터 작품을 보여드렸다. 그러면 직접 커피를 끓여주었다. 작품에 대한 평가는 한 적이 없었다. 가끔 '나하나 다방'이나 '아카데미 다방'으로 데리고 나갔다. 걸음걸이가 아주 빨랐고 걷기를 좋아했다. 다방에 가면 미리 와서 기다리는 사람이 많았다. 정현웅, 박봉우, 주명영 등이 그 다방에서 기다리고 있었다. 작품은 집으로 보내지 말고 『현대문학』으로 보내라고 했다. 나는 '추천작 공고'만 기다리면서 계속 투고만 했다. 1달에 10편 이상 보냈다. 내 키보다 더 많을 것이다. 그 작품은 남아 있지 않다. 그 과정이 좋은 작품을 쓸 수 있게, 시인이 되게 한 것이다. 그렇게 해서 3년 동안 추천을 완료했다. 5년 동안 쓴 작품은 사라지고 없다. 김현승 선생은 그 뒤로도 세계 명작을 많이 읽으라는 조언만 했다.[5]

김현승은 손광은에게 작품에 대해서는 한 마디의 조언도 없이 커피만 끓여주었을 뿐이다. 그래도 그는 5년 동안 '추천작 공고문'을 받기 위해 습작을 멈추지 않았고 김현승이 추천하여 『현대문학』에 1962년 「제3광장」, 1963년 「산책」, 1964년 「나의 반란」이 추천된 것이다. 5년간 동안 썼던 수백편의 작품은 쓰레기통에 버려지고 말았지만 그 중

5 손광은 인터뷰, 2015.4.10.

단 3편이 추천을 받은 것이다. 첫 추천작 「제삼광장」은 "시정이나 의욕보다 언어가 더 중요"하며 그런 점에서 "숨은 방언을 발굴 채집하여 질적표현에 적당히 활용하는 것은 기대할만한 손군의 유니크한 수법"[6]이다는 평을 받았고, 두번째 추천작인 「산책」은 "평범한 말인 듯 하면서도 군데군데 함축있는 구절들이 발견"[7]되는 작품으로, 세 번째 추천작인 「나의 반란」은 "서정이기보다는 내면세계를 파헤치"는 것이 특징이라는 평가를 받았다. 김현승은 "내면세계일수록 복잡하고 깊은 것이니까 더욱 적확한 이미지를 포착하기에 힘써야만 작품의 모호성을 극복"[8]할 수 있을 것이라는 첨언도 아끼지 않았다. 손광은의 추천완료 소감으로 시작의 의지를 밝혔다.

> 眞實(詩)하게 사는 날까지 내게주신 榮光의 座席(素材)을 바꿀(技法)것이며, 많은 사람(思想)들을 만날 것이며, 많은 음성(個性)을 들려주겠으며, 많은 반란(感化)을 일러나게 하겠습니다.
>
> 복잡하고도 선명한 이미지, 정묘한 메타포, 아이러니, 풍자, 역설, 위트, 辨證法的 認識態度, 劇的構成과 會話體言語의 感度를 충분히 親近하고 싶은 慾心이며 無技巧의 技巧 속에 번개같이 驚異스러울 수 있는 서슬푸른 表現의 두려움을 選擇하고 싶습니다.[9]

손광은은 신인답게 김현승에게 감사로 응답한 뒤 '무기교의 기교 속

6 김현승, 「시천후감」, 『현대문학』, 1962.7, 86쪽.
7 김현승, 「시천후기」, 『현대문학』, 1963.11, 53쪽.
8 김현승, 「시천후기」, 『현대문학』, 1964.12, 297쪽.
9 손광은, 「천료소감」, 위의 책, 55쪽.

에 번개같이 경이스러울 수 있는 서슬푸른 표현의 두려움을 선택'하겠다는 당찬 포부를 밝혔다. 등단 이후 그의 문학적 활동은 『영도』 동인으로 이어진다. 1955년 박봉우와 강태열의 주도에 의해 창간된 동인지 『영도』[10]는 한국문학사의 중요한 전환점을 차지하고 있다. 『영도』의 창간은 전후의 고발 문학적이고 실존주의적인 문단의 흐름을 바꾼 사건으로 『영도』 동인지는 "시대의 경향을 대변하고 그들 나름의 천착과 방법이 고유성을 보여줌으로써 시사적 연계성의 한 기틀을 형성"[11]한다. 『영도』는 광주고등학교 출신들인 선후배들인 박성룡, 정현웅, 김정옥, 강태열, 주명영, 박봉우가 의기투합하여 결성한 동인지이다.[12] 이들은 광주고등학교 다니던 시절부터 교지 등을 통해 작품 활동을 하였던 문학청년들이다.

『영도』가 창간될 당시 『문학예술』(1954.4)과 『현대문학』(1955.1)이 있었을 뿐이고, 신문사는 신춘문예를 통해 막 신인들을 배출하기 시작하였던 때였다. 이에 "전통과 질서와 가치 붕괴로 일체는 '零'에서의 시작이었다. 적나라한 현실파악이 급했고, 삶은 그저 쥐진 지식의 종합이 아니었다. 현실은 자기비판과 자기 부정을 통한 건설의 약동을 촉구"[13]

10 『零度』 창간호 : 동해당, 1955.2, 정가는 기재되지 않음. 『零度』 제2집 : 동해당, 1955.5, 정가는 기재되지 않음. 『零度』 제3집 : 서구출판사, 1966.1(복간1호), 정가 70원, 『零度』 제4집 : 서구출판사, 1966.4(복간2호), 정가 70원. 이상 4권의 발행부수는 기재되어 있지 않아 알 수 없고 경제적인 문제 때문에 많은 부수가 발행되지 않았을 것으로 추정된다. (「통일에의 가교」와 만나게 될 것이라는 4집의 예고가 있었던 것으로 보아 5집도 발간예정이었음을 알 수 있다.)

11 김재홍, 「동인지운동의 변천－동인지운동의 면모와 그 약사」, 『심상』, 1975.8, 56쪽.

12 박성룡과 정현웅, 김정옥은 광주고등학교 2회 졸업생이고, 박봉우와 강태열, 주명영은 3회 졸업생이다.

13 장백일, 「다시 회상해 보는 영도동인회」, 『광주전남 문학동인사』, 한림, 2005, 87~88쪽.

하였다. 손광은도 『영도』 복간호에 이성부, 김현, 임보, 최하림과 함께 참여하였다. 『영도』(1966.1) 제3집에 시 「나의 반란」을 발표했고, 『영도』(1966.4) 제4집에 시 「내 안에 돋는 소리」를 발표하면서 새로운 시 쓰기에 열의를 올린다.[14]

그리고 1967년에는 박홍원, 문병란, 범대순, 진헌성, 김현곤, 권일송, 문도채, 활길현과 함께 '비애콜의 개성을 생명으로 여기는' 원탁시 문학회를 결성하였다. 뿐만 아니라 1970년 4월 3일부터 7일까지 서울 예총회관에서 「영랑 · 용아 시비 건립을 위한 시화전」을 열기도 하였다. 이 시화전을 위하여 그림을 그려준 화가들은 '의재 허백련, 오지호, 소전 손재형, 취당 장덕, 남농 허건, 송곡 안규동, 양수아, 석성 김형수, 금봉 박행보, 도촌 신영복, 장전 허남호, 양인옥, 박철교, 오승윤, 강연균, 황여성, 이태길, 문장호, 박상섭, 학정 이돈흥, 경앙 김상필, 평보 서희한' 등이었다. 한국화단을 대표하는 이들이 그림을 젊은 시인의 열정에 재능 기꺼이 동참하여 시 「군무」 등이 시화 41점이 전시되었다.[15] 그런 그의 노력으로 사직공원에 용아 박용철 시비와 김영랑의 시비가 나란히 세워졌다. 그는 시집을 내기에 바쁜 여타의 시인들과 달리 등단 10년 만에야 첫 시집 『파도의 말』을 냈다. "성급한 목소리의 외침에 반대"[16]하고 "할 말이 많은 날을 말없이 묻혀 살면서도 말없는 시간이 더 바쁘고 고뇌에 찬 해독"[17]의 시간 속에서 나온 시집이다.

---

14 이동순, 「지역문학의 중앙문학화 사례 – 시동인지 『영도』를 중심으로」, 『한국언어문학』 80, 한국언어문학회, 2012.

15 『동아일보』, 1970.4.4.

16 이성부, 「발문Ⅱ」, 『파도의 말』, 현대문학사, 1972, 126쪽.

17 손광은, 「후기」, 위의 책, 128쪽.

평론가 김현은 「발문1」을 통해 시인 손광은과 그의 시에 대해 다음과 같이 말하고 있다.

이성부형의 소개로 손형을 처음 만났다. 딴딴하고 시커멓고 농군같이 생긴 사람이 내부의 반란이니 의식이니 하는 말을 거침없이 사용하는 시를 쓰는 것을 보고 나는 인간과 의식 사이의 거리를 다시 한번 느끼지 않을 수 없었다.

그러나 나는 그와 몇 번 만나면서 그의 생명에의 끈질긴 집념을 확인할 수 있었다. 그의 힘은 그것이 재료가 되어 쓰여지는 그의 시에서뿐만 아니고, 그의 어투, 걸음걸이, 작별, 악수, 그리고 막걸리집에서의 서툰 농담 속에 있었다. 그것은 내가 그의 「제삼광장」에서 확인한 「근엄한 목숨」과 통하는 것이었다. 그 근엄한 목숨, 뜨거운 얼굴이 그를 이끌고 다녀, 내부에 난파하지 않고 계속 반란할 수 있는 소지를 마련해 주는 모양이었다.[18]

김현은 '딴딴하고 시커멓고 농군같이 생긴 사람이 내부의 반란이니 의식이니 하는 말을 거침없이 사용하는 시'를 쓰면서 '인간과 의식 사이의 거리' 좁히기를 하고 있는 손광은을 '내부에 난파하지 않고 계속 반란'한다고 간파하였다. 손광은은 "끝까지 혼자서 바로 「바르게」살고자 하는 노력"으로 "온갖 기만과 불합리성이 판치는 우리 사회의 증세와는 너무나 떨어져"[19]있었지만 거리로 뛰쳐나갈 용기가 없었을 뿐 그의 내면은 끊임없이 현실을 직시하고 있었고 역사적로부터 시선을 거두지 않았다.

18 김현, 「발문 I」, 위의 책, 124쪽.

19 이성부, 「발문II」, 위의 책, 127쪽.

시인 손광은이 문단에 이름을 내민 1960년대는 희망과 절망이 교차하였던 시기였다. 4·19혁명의 환희와 기대는 1961년 5·16구테타로 좌절과 암흑으로 기표화되고 내면화되어 갔다. 이때 그는 "생경한 목소리로 참여와 저항의 기치를 내세운 질풍노도의 시대"에도 "'내면에 있는 나의 나'를 성찰하면서 있는 그대로의 그 모습에서 한 치도 벗어나지 않는 예술적 삶의 일관성을 유지"[20]하였다. 그가 4·19 혁명을 기표화하고 의미화한 것은 "한 개인의 의식의 내부에서 자책하는 목소리로 되새긴 것은 손광은 만이 가능한 예술적 형상화의 방식"[21]으로 평가된다. 그는 시집 『파도의 말』로 전라남도 문화상을 수상하였는데 "현실에 대한 시의 올바른 참여는 오히려 직접적인 방법보다는 간접적인 방법"으로 "가치 있는 체험으로 형상화된 인생의 의미가 내포"[22]되어 있어야 한다는 시적 논리를 높이 산 것이다. 그것을 보여주는 대표적인 시가 「보리타작」이다.

풀잎이 출렁거리듯
새로운 혁명이 부르는 흔들림,
새로운 파멸의 不正처럼
물살치는 가슴을
실한 머슴은 들여다 보면서

20 전정구, 「존재의 빛을 찾아서」, 『시와사람』 가을, 2003, 193쪽.
21 위의 글, 194쪽.
22 손광은, 『현대시의 논리와 현장』, 태학사, 2001, 33쪽.

「여, 여, 저, 저,」

들고 치고, 살짝 놓고 치고
소리를 만들면서
먼지가 소리를 만들면서
마을을 울리던
도리깨질을 하면서

「여 안때리고
어데 때리노
복판 때리라
가에 때리라」

도리깨질을 하면서
머슴은 머슴인 아버지를
머슴으로 길들였다.

—「보리타작」 부분[23]

「보리타작」과 같은 일련의 작품들이 읽는 사람에게 마력을 풍겨주는 까닭은 지금은 아무도 눈여겨 보지 않는 그늘진 구석을 찾아내어 보여주었다는 소재의 물이성이나 토속성에만 있는 것은 아니다. 만인 작자가 시나 소설

23 손광은, 『파도의 말』, 현대문학사, 1972.

이나를 막론하고, 어떤 이색적인 소재로써 작품의 가치를 자극하거나 돋보이게 하려 한다면 그것부터가 그 작품가치의 한계를 드러내 보이는 것이 되고 말 것이다.

문학의 가치는 결코 그 소재자체가 결정하는 것이 아니고, 그 소재에다 작가 자신의 혼을 주입하는 강도와 열도의 여하가 그 가치를 좌우하게 되기 때문이다. 이 시인이 새로이 추구하고 있는 근년의 작품들에는 이 시인의 잡초와 같은 질긴 생명력이라고 할 수 있다. 한 시인이 일생을 통하여 전진하며 변모를 꾀한다는 것은 매우 어려운 일이다.[24]

그의 수작으로 평가되는 「보리타작」은 '아무도 눈여겨 보지 않는 그늘진 구석을 찾아내어 보여주었다는 소재의 물이성이나 토속성에만 있는 것' 이 아니라 '소재에다 작가 자신의 혼을 주입하는 강도와 열도의 여하가 그 가치'가 있고, '잡초와 같은 질긴 생명력'이 담겨있기 때문이다. "내 유년은 산과 들 헤매며 / 눈 닿는 산하마다 초록 빛깔 사이로 / 초록빛깔 펼쳐지는 초록의 보리이삭 이랑 사이로 / 고요처럼 푸른색으로 가라앉는"(「내유년」) 원초적 공간의 체험은 무의식적으로 신체 안에 구조화함으로써 대사회적으로 드러난 문제를 전경화하지 않고 보이지 않는 곳에 내재화된 근본적인 문제를 건드렸다. 시인의 시대정신이 녹아 있는 작품에는 「전남긴급동의－전라도보리」 등에도 잘 나타난다. 손광은이 "고향은 내 모든 삶의 원천이다. 시도 고향에 관한 시가 많다. 지금도 고향은 내 전부다"[25]라고 말하는 것도 유년의 체험들의 구조화

24 김현승, 「서문」, 『파도의 말』, 현대문학사, 1972.
25 손광은 인터뷰, 2015.4.10.

에 풍자를 가미해온 기법이다. 따라서 손광은에게 문학적 출발을 제공한 고향은 '시인-되기'를 성공시킨 토양이었다. 고향의 풍요로운 자연과 물리적 환경은 시창작의 기초가 되었고 정신적인 중심을 균형 있게 하는 의식적 성장을 가져다주었기 때문이다.

3. 교육자와 시인 사이, '고향-되기'

시인 손광은은 첫 시집 『파도의 말』을 낸 이후 시 창작활동을 거의 멈추었다고 해도 과언이 아니다. 그도 그럴 것이 전남대 국문과를 졸업하고 1966년부터 2년간 모교인 광주숭일고등학교 교사로 근무하였다. 그리고 1968년부터 2001년까지 전남대 국문과 교수로 재직하였고, 1975년부터 1977년까지 일본으로 유학을 떠나 동경교육대학 대학원 문학연구과를 졸업하는 학자로서의 삶에 충실하였기 때문이다. 그래서 문학 석사학위가 2개나 되는 특별한 이력을 갖고 있다. 그뿐만이 아니라 충남대학교 대학원에서 박사학위를 받은 학문적 열정도 놓지 않았다.[26] 후학을 양성하면서도 학자로서의 자세를 고수한 것이다. 그의 학문적 성취는 『현대시의 논리와 현장』,[27] 『현대시론』,[28] 『현대시의 공간

26 손광은은 1986년 충남대 국문과에서 박사학위를 받았다.

27 손광은, 『현대시의 논리와 현장』, 태학사, 2001.

28 손광은, 『현대시론』, 한림, 2003.

적 지평』[29] 등에 집약되어 있다. 그리고 1989년부터 2년간 시인이며 교수로 '시론'을 강의하는 사람들만 회원 자격이 있는 '한국시문학회' 회장으로 활동하였다. 1대 회장 정한모, 2대 회장은 문덕수에 이어 3대 회장이 된 것이다. 그것으로 부족하여 1996년부터 2년간 '한국언어문학회' 회장을 역임함으로써 학자로서의 위치도 굳건히 하였다. 교육자로서, 학자로서의 삶에 충실하다 보니 시를 창작할 정신적인 여유가 없었을 때도 그는 1987년 8월 광주문인협회 회장에 당선되어 첫 사업으로 무등산에 김현승 시비의 조성사업을 추진[30]하는 등 문단활동에 앞장섰다.

그는 동료교수들에 대한 애정도 깊다. 특히 "이돈주 교수의 『한자학총론』은 세계성을 갖고 있는 연구인데 건강이 안 좋으니까 학술원회원이 되지 못했다"[31]고 안타까워하면서 "나는 내 마음 속 더 으슥한데까지 / 깊이 감춘 내 마음 밑바닥까지 / 햇살에 다 비춰서까지 / 밖으로 들어내어 할 말은 「자네를 존경하네」"(「내 마음 속을 출렁거리네–이돈주교수 정년–」)로 그것을 표현하였다. 손광은이 어떤 사람인가는 다음 글에 잘 나타난다.

> 그는 항상 남을 도우려 동분서주한다. 한마디로 그는 발이 부지런하고, 귀가 부지런하다. 그는 남의 말을 경청할 줄 안다. 그러기에 그는 자연의 내밀한 소리를 들을 수 있다. 그는 허세를 부릴 줄 모른다. 그는 그래서 자연에

29 손광은, 『현대시의 공간적 지평』, 한림, 2003.
30 『동아일보』, 1987.8.13.
31 손광은 인터뷰, 2015.4.10.

> 대해 외경심을 가졌는지도 모른다. 그는 유머를 체득한 사람이다. 그리고 밉지 않은 허풍도 떨 줄 안다. 이 모든 것이 그의 유머감각에서 비롯된 것이리라. 그러나 그는 우리의 어려운 시대를 살아온 사람답게 정의감도 있다.[32]

위 글에서 확인되는 인간 손광은은 부지런하고 허세도 있고 유머감각도 있으며 정의로운 사람으로 정리된다. 거기에 덧붙여 "술은 취하지 않는다 / 다만 몸이 흔들릴 뿐……"(「술잔 앞에서」)라고 읊는 데서 막걸리를 사랑하는 애주가라는 사실도 드러난다. 술은 취하는 것이 아니라 몸이 흔들릴 뿐이라는 시인의 낭만은 「판문점」과 「휴전선」, 「철마는 달리고 싶다」를 불러내는 것도 서슴지 않고, 「영원한 젊은 넋들이여」와 「독재는 끊어라 민주에 살고 싶다」고 거침없이 노래하기를 멈추지 않는다.

그런 시를 쓸 수 있었던 단초는 "70년대 군사독재 시절에 YWCA 강당에서 내가 무슨 시국강연 비슷한 것을 할 때 그 건물 주변에 기관의 형사들이랑 이상한 사람들이 서성이는데 그 속에 대학생들의 강연 청취를 막으려 대학교의 학생과장인 그가 어정쩡한 자세로 끼어 있었다. 나를 보더니 민망한 자세로 '나 그냥 가네' 하면서 사람 좋은 허탈한 웃음을 남기고 총총히 사라지는 것"[33]에서 확인된다. 당시 '학생과장'이었던 손광은이 임무수행을 형식적으로는 해치우고 '나 그냥 가네' 하면서 '사람 좋은 허탈한 웃음'에서 알 수 있다. 시국강연에 동의하는 묵언은 고향공간이 내재화되어 의미체를 이룬 결과이다.

32 김병욱, 「토포필리아의 시학」, 『고향앞에 서서』, 문학세계사, 1996.

33 문병란, 「손광은의 시 세계」, 『그림자의 빛깔』, 시와사람, 2001, 158쪽.

제2시집인『고향 앞에 서서』는 첫시집『파도의 말』을 1972년에 상재한 후 24년 만에 발간한 시집이다. 앞서 살폈던 것처럼 대학교수로서, 학자로서의 삶에 열정을 태우다 보니 "감당할 수 없는 유신시대 고향과 자기 내면 속에 칩거를 시도한 것이다. 그는 솔직히 시가 현실참여의 무기가 된다는 저항과 투쟁에 대해서는 사양할 수밖에 없는 시창작 태도를 '고향'에다 함축"[34]하느라 "고향과 고향 사람과 수많은 외로운 삶과 함께 있느라"[35] 더디었던 것이다. 손광은 시인의 직관에 의해 직조되는 원초적 공간에 대한 애정이 시 「고향 앞에 서서」에 잘 나타난다. 시인의 "잠재의식적인 애착은 단순히 친숙함과 편안함, 양육과 안전의 보장, 소리와 냄새에 대한 기억, 오랜 시간 동안 축적되어 온 공동의 활동과 편안한 즐거움에 대한 기억"[36]으로 재현됨으로써 "천성의 시인"[37]으로 자리매김 된다.

이곳은 우리나라 맨 끝의 땅
갈두리 사자봉 땅 끝에 서서
길손이여
토말의 아름다움을 노래하게.

먼 섬 자락에 아슬한

34 문병란, 「손광은의 시 세계」, 『그림자의 빛깔』, 시와사람, 2001, 152쪽.
35 위의 글, 154쪽.
36 이푸-투안, 구동회 · 심승희 역, 『공간과 장소』, 논형, 2005, 255쪽.
37 김동근, 「소리의 시학과 존재론적 메타포」, 『내 마음 속의 눈부신 당신』, 한림, 2006, 124쪽.

어룡도 백일도 흑일도 당인도까지
장구도 보길도 노화도 한라산까지

수묵처럼 스며가는 정,
한가슴 벅찬 마음 먼 발치로
백두에서 토말까지 손을 흔들게.

수천 년 지켜온 땅끝에 서서
수만 년 지켜갈 땅 끝에 서서
꽃밭에 바람일 듯 손을 흔들게.

마음에 묻힌 생각
하늘에 바람에 띄워 보내게

—「우리나라 땅끝–토말탑」 전문

땅 끝에 서서 '백두'로 '한라'로 향하는 두 개의 시선을 만나 '마음에 묻힌 생각 / 하늘에 바람에 띄워' 보내는 화자의 목소리를 통해 "사실 통일을 염원하는 시"[38]임을 알 수 있다. 화자가 영토의 남쪽 끝자락에 있는 '한라산'을 향해, 육지의 끝자락에 있는 북쪽의 '백두산'을 향해 손을 흔들어 하나 되기를 바란다. 그래서 "저 당당한 이성으로 / 저 당당한 야성으로 / 저 당당한 햇빛과 바람과 온도가 알맞게 흔들"(「자유발상

38 손광은 인터뷰, 2015.4.10.

법」)리면서 "서로 기대고 의지하는/벼이삭처럼 꺾이지 않는 혼으로 모"(「탑」)여야 하며, 그것이 "우리의 마음 속에 둥구나무 마냥 뿌리를 튼튼히 내리"[39]기를 바라고 있다.

그는 문학적 여정 속에서도 「광주광역시 문화예술 중장기 발전 종합 계획」[40]을 수립하는 데 관여하는 등 지역의 문화예술 진흥에도 열심이었다. 『광주권 문집해제』,[41] 『전남권 문집해제』 1,[42] 『전남권 문집해제 2』,[43] 『전남문학변천사』[44] 등에 관여하면서 지역문화 발전을 위한 노력을 아끼지 않았다. 그의 역할은 시인과 교육자의 삶에 머물지 않았던 것이다. 1993년부터 1997년까지 광주광역시 교육청 공직자 윤리위원회 위원으로, 1994년부터 2001년까지 전라남도 선거관리위원회 위원으로 활동하면서 문학 외적인 활동으로 지역에 봉사하는 것도 잊지 않았다. 그러다 보니 첫 시집 『파도의 말』을 낸 후 24년 만에 낸 시집이 『고향 앞에 서서』였고, 그로부터 5년 만에 낸 세 번째 시집은 그가 "장구치고 불치고 하늘치고 북치듯, 내 마음 뛰노는 끼를 담아 보이면서도 내 마음의 영원한 무엇을 찾"아서 쓴 시들을 묶은 『그림자의 빛깔』이었다.

두 권의 시집 『고향 앞에 서서』와 『그림자의 빛깔』에 실린 시들은 원초적 공간인 고향을 노래하는데 집중함으로써 고향을 호명하는데 게으르지 않은 '고향-되기'로 승화시켰다. 그는 전남대학교 국문과에 입학

39 김병욱, 「토포필리아의 시학」, 『고향 앞에 서서』, 문학세계사, 108쪽.

40 「광주광역시 문화예술 중장기 발전 종합 계획」은 1991년과 1997년, 두 차례에 걸쳐 수립하였다.

41 『광주권 문집해제』, 광주직할시, 1992.

42 『전남권 문집해제』 1, 전라남도, 1997.

43 『전남권 문집해제』 2, 전남대인문과학연구소, 1997.

44 전남문학백견사업추진위원회, 『전남문학변천사』, 1997.

해서 전남대 국문과 교수로 정년퇴임하기까지 45년의 시간을 전남대학교 교정에 머물렀다. 그는 "시인이자, 교육자이며, 지역문화계의 여러 자리에서 종사해온 원로 지도자"로 "시 쓰는 일과 대학 강단에서 학문을 교수하는 두 가지를 아우르기란 그 다지 쉽지않"[45]았을 것이지만 그럼에도 불구하고 소임을 다하여 2001년 옥조근정훈장을 받았다. 정년퇴임은 그의 시가 고향에서 머물지 않고 남도 전체로 확대하여 민속에 천착하게 되는 출발점이 된다.

4. 남도의 민속, '아카이브화-하기'

시인 손광은으로 가장 활발하게 시 창작활동을 한 것은 전남대학교 국어국문학과 교수로 정년퇴임을 한 이후라고 할 수 있다. 정년퇴임 후에 낸 시집이 『내 마음 속에 눈부신 당신』, 『땅을 딛고 해가 뜬다』, 『민속의 숨결 신명을 풀어라』 등 3권이고 보면 정년퇴직 후 시 창작활동은 눈부실 정도로 정열적이다. 그럴 수밖에 없는 것은 광주전남의 역사적인 현장을 두루 체험하면서 그것을 시로 승화시켜 나가는 노력은 남도에 대한 사랑과 역사의식에서 비롯된 것이다. 그래서 광주전남의 역사적 현장마다 그의 시가 금석문으로 새겨지게 된 것이다.

45 문병란, 「손광은의 시 세계」, 『그림자의 빛깔』, 시와사람, 2001, 136쪽.

그의 첫 시비가 된 1987년 해남 땅끝의 「우리나라 땅끝」을 시작으로, 전남 담양군 월산면 용흥리 바심재에 있는 1949년 2월 순국 희생자 34명의 기상과 숭고한 넋을 받들어 구국정신을 횃불로 빛나게 하는 「바심재 충혼탑」, 그리고 「보성소리 비」와 1993년에 광역시 남구 칠석동 고싸움 전수회관 앞에 세워진 「고싸움놀이 기념비」, 1999년 12월에 전남대 정문 앞에 세워진 「독재는 끊어라 민주에 살고 싶다」 등 금석문에 새겨진 시비만 35개에 달한다. 그의 역사적 현장을 꿰뚫어보는 심미적 혜안과 감화를 일으키는 시어를 조탁하는 능력은 제4시집 『땅을 딛고 해가 뜬다』로 집약된다. 시집 『땅을 딛고 해가 뜬다』에는 1970년 2월 14일부터 16일까지 서울예총회관에서 「영랑 · 용아 시비 건립을 위한 시화전」을 열었던 시와 그림 30편을 포함한 작품과 「고색 초가에서 —오지호 화백」 등의 헌시 30여 편이 실려 있다.

손광은이 끊임없이 천작하고 지향하고 있는 세계는 태생적으로 갖고 있는 원초적 공간에 대한 애착이다. 거기서 비롯된 장소애, 그 장소애는 "몸은 습관화를 통해 기억을 안정시키고 정열의 힘을 통해 그것을 강화한다. 기억의 육체적 성분으로서의 격정"[46]과 만나 '민속'으로 옮겨졌다. 그런 점에서 손광은 시의 민속은 "집단적 망각의 단계를 넘어 기억을 확인하고 보존할 수 있는 곳"[47]으로 또 하나의 장소가 된다. 그는 민속이라는 "장소에 이름을 붙임으로써 인간에 의해 파악된 장소의 질에 의해서 그리고 인류의 필요에 더 잘 부응하도록 장소를 개조함으로써 지리적 공간은 인간화된 특정 문화의 의미 있는 공간"[48]으로 재탄

46 알라이다 아스만, 변학수 · 채연숙 역, 『기억의 공간』, 그린비, 2011, 24쪽.
47 위의 책, 25쪽.

생 시켰다. "수천 년 동안 이어져온 민족의 삶이자 놀이이며 정서인 민속놀이를, 현대시로 재구성한 최초의 집대성이자 민족정서의 총화"[49]인 여섯 번째 시집 『민속의 숨결 신명을 풀어라』이다.

> 고싸움이 패기 넘친 악착같은 놀이라는 것은 이미 알려져 있다. 정월 16일 시작된 놀이가 진편이 도전하면 재차 붙고 하여 스무날까지 계속되다가 그래도 승패가 나지 않을 때에는 2월 초하루날 고를 풀어 줄을 만들고 이 줄을 당겨 승패를 가리고 만다. (…중략…) 그러므로 호남 지방의 대표적인 편싸움 놀이들은 악착같은 끈질긴 투지와 일사불란한 통제력 밑에 협동심을 바탕으로 한 패기와 충천하는 승벽심을 필수 요건으로 한다. 한 마디로 말해서 징한 기질이 바탕이 된 징한 놀이이다.[50]

위의 고싸움놀이에 대한 설명에서 드러나듯이 '악착같은 놀이', '징한 놀이'인 고싸움놀이는 '끈질긴 투지와 일사불란한 통제력 밑에 협동심을 바탕으로 한 패기와 충천하는 승벽심이 필수 요건'인바 고싸움 놀이를 다음과 같이 승화시켜 노래한다.

> 설레는 마음끼리
> 흥을 잡고 노는 온 마을은
> 소리소리 술렁이고

48 이푸-투안, 구동회 · 심승희 역, 『공간과 장소』, 논형, 2005, 54쪽.

49 이성부, 「현대시에 보태는 오랜 겨레의 숨결」, 『민속의 숨결 신명을 풀어라』, 한림, 2010, 183쪽.

50 지춘상, 「남도문화특질론」, 『대학국어』, 전남대 출판부, 1995.

맑은 소리 눈빛끼리 엉켜 나갔다.

깽매 깽매 깽매깽
깨갱 깽매 깽매깽
고를 대고 맞대고
띄를 대고 떨어져
쿵덕 쿵덕 나가고
울긋불긋 휘어져 동구 밖을 나갔다.

소를 대고 맞대고
다시 대고 맞대는 앙가슴 숨소리
가득 가득 나가고 징소리 북소리
바람치고 북치고 하늘치고 북치고
얼룩진 마음까지 가득 씻어 나갔다.

소구 장구 옆으로 돌고
벅구잡이 밖으로 돌아
살 재미가 넉넉한 웃음으로 풀면서
웃음의 뿌리가 보일 때까지
풍요로운 웃음을 외쳐 불렀다.

—「고싸움놀이」 전문[51]

51 손광은, 『땅을 딛고 해가 뜬다』, 한림, 2007.

"지춘상 교수는 민속을 조사할 때 마다 데리고 다녀서 많이 체험했다. 고싸움 시도 현장을 보고 쓴 시다"[52]라고 밝히고 있듯이 그가 민속을 소재로 쓴 시는 체험에 바탕하고 있다. 민속은 역사성과 예술성뿐만 아니라 향토성을 반영하고 있다는 점에서 손광은의 문학적 여정은 '잡초와 같은 질긴 생명력'에 기반하여 예술성으로 역사를 시적으로 승화해 온 여정이다. 그의 시적 상상력은 민속을 소재로 하였다고 하더라도 민속의 의미를 드러내는 바탕은 내적 심상에 있다. 그 심상이 민속 혹은 사물을 비추는 거울이자, 동시에 의미 없는 것의 의미화를 가능하게 한 것이다.

그의 민속에 대한 집념은 2008년 12월 5일부터 28일까지 광주민속박물관에서 「사진과 시로 엮은 남도의 민속문화」 기획전으로 이어졌다. 이 기획전은 구수하고 정감어린 토속어로 풀러낸 시인 손광은의 창작 민속시와 사진작가이자 남구문화원장인 이종일이 1970년대부터 1990년대에 걸쳐 30여 년 동안 지역의 생생한 민속문화의 현장을 촬영한 사진이 어우러진 합작전시회로 성황을 이뤘다.[53] 1부는 「신명과 화합의 한마당–민속놀이」로 「강강술래」 등 27편, 2부는 「사라져가는 옛모습과 정취–세시풍속」으로 「증심사 연등」 등 28편이 전시됨으로써 민속의 현장이 되게 하였다. 그의 민속에 대한 사랑은 결국 "장소는 정감어린 기록의 저장고이며 현대에 영감을 주는 찬란한 업적이다. 또한 장소는 영속적이며, 그리하여 자신의 연약함을 알고 어디에서나 우연과 변화를 느끼는 사람들을 안심"[54]시키는 정서적인 울림을 준다.

---

52 손광은 인터뷰, 2015.4.10.

53 고선주, 「사진과 시로 만나는 남도 민속문화」, 『아시아경제』, 2008.12.4.

옛 민족의 삶의 세계에서 조용히 숨 쉬고 있음을 느끼게 하고 싶다. 삶과 죽음이 별개의 것이 아니라 낮과 밤 시간의 추이에 따라 우리 의식 속에 떠오르는 현상의 양면성으로 보고 싶었다.

농민들의 숙명적인 삶은 민속 문화였다. 민속이 누대에 걸쳐서 지속 전승되는 생활양식이라고 규정할 때 전통처럼 문화의 원형이다. 민속은 생활문화예술이다. 지식의 세계가 아니라 감성의 세계다. 지식사회는 한정된 지역 지구를 맴돌지만 감성의 세계는 상상력으로 우주를 누빈다. 원초적 삶의 가치가 스며있는 신비한 곳이다.

오랫동안 형성축적된 민속은 삶의 양식이다. 민속은 시대에 따라 변화되어 오지만 불변의 가치는 그대로 전통적이다. 삶의 의미와 긴밀성이 없으면 생명력도 잃고 말까봐서 소재인 남도 민속문화를 서정시의 새로운 비전을 창조적으로 변형코자 했다.[55]

민속시를 쓴 손광은의 의도대로 '원초적 삶의 가치가 스며있는 신비한 곳'이 바로 민속이요, 민속은 '민족 문화의 원형'임을 간파하여 쓴 일련의 시들은 잊힌, 혹은 잊고 있는 우리들의 잠든 정신세계를 일깨우고 있다. 그래서 그는 "모든 가치가 물질에 깔려 납작하게 사라질 뻔한 민속의 숨결에서 슬픔과 고독이 꿈틀거린 겨레의 숨 소리를 엿듣고 곁에 가가이 가서 흥청거리지 않고, 뛰어들지 않고, 신명이 들어 고정된 지평이 아닌 자유의 지평에서 도덕과 자유와 예술이 하나일 꺼라 믿으

54 이푸-투안, 구동회 · 심승희 역, 『공간과 장소』, 논형, 2005, 247쪽.
55 손광은, 「한국 현대 어디로 갈 것인가?-짧은 시론」, 『강의자료집』, 광주중앙도서관, 2015.

면서 잃어버릴 뻔한 옛 삶의 향수, 민속적 삶의 성찰"[56]이라고 말하는 것이다. 그것은 "내 시만은 개념에 머물지 않겠으며, 언제나 주입된 노력과 나의 반란에 승화가 「그노시스」의 시간을 믿고 그 지, 그 미, 그 진실과 성실을 섬기는데 오랜 시간을 보낸"[57] 결과이다.

손광은은 등단하면서 약속했던 초심을 지키며 '진실(시)하게 사는 날까지 내게 주신 영광의 좌석(소재)을 바꿀(기법) 것이며, 많은 사람(사상)들을 만날 것이며, 많은 음성(개성)을 들려주겠으며, 많은 반란(감화)'을 일으키고 있다. 그 반란은 결국 지역문화 예술의 시적 승화로 발현되어 『민속의 숨결 신명을 풀어라』에 집약되어 있다. 민속은 단순히 소재적 차원이 아니라 "웃으며 우는 시인"[58]의 내면 정서, 그리고 "힘없고 가난하고 천대받았던 이 땅 대다수 민중들의 한과 원망과 소박한 삶을 담아낸 노래"[59]로서 "손광은류의 서정시"[60]가 되었다. 그의 시는 민속의 아카이브만이 아니라 남도정서의 아카이브이다. 그의 시적 여정의 많은 부분은 남도 민속의 '아카이브-하기'였다고 할 수 있다. 그는 지금도 "1주일에 꼭 1편씩 시를 쓰고 있"으며, 김현승기념사업회 회장으로, 임방울 국악진흥회의 상임이사, 서재필기념사업회 부이사장으로, 『문학춘추』 주간으로, 한국현대시인협회 회원이자 고문으로 활동하고 있다.

56 손광은, 「자서」, 『민속의 숨결 신명을 풀어라』, 한림, 2010.
57 손광은, 「천료소감」, 『현대문학』, 현대문학사, 1964.12, 55쪽.
58 김병욱, 「「토포필리아의 시학」, 『고향앞에 서서』, 문학세계사, 1996, 113쪽.
59 이성부, 「현대시에 보태는 오랜 겨레의 숨결」, 『민속의 숨결 신명을 풀어라』, 한림, 2010, 184쪽.
60 김병욱, 「「토포필리아의 시학」, 『고향앞에 서서』, 문학세계사, 1996, 117쪽.

5. 결론

등단 50년이 넘은 손광은의 문학적 여정은 고향에 대한 애착이 남도 민속으로 승화되는 여정이었다. 그가 등단한 1960년대의 시대정신을 표면으로 드러내기보다는 내면화하는 과정을 거치면서 시대에 눈 돌린 작가라는 일부의 평을 일거에 수거하고, 교육자로서 삶도 게을리하지 않았던 시인 손광은의 문학적 생애를 조명하고자 하였다.

손광은에게 문학적 출발을 제공한 곳은 고향이고, 광주는 그가 시인의 꿈을 구체화한 곳이다. 작품에 대한 평가를 하지 않고 커피만 끓여 준 김현승이 『현대문학』에 추천완료 하여 등단한 것이 1965년으로 5년 동안 『현대문학』에 투고한 결과 3편이 추천됨으로써 손광은의 시인-되기는 실현되었다. '시인-되기'를 성공시킨 토양인 고향의 풍요로운 자연과 물리적 환경은 시창작의 기초가 되었고 사회 정치적 조건에서도 균형을 잡게 한 동력이 되어 시인-되기에 성공한 것이다.

시인 손광은보다는 전남대학교 국문과 교수로, 학문을 연구하는 학자로, 지역문화발전에 헌신하는 시간이 많아진 이 시기에는 지역문화발전을 위한 활동으로 지역에 봉사하였다. 시 창작은 활발하지 못했지만 『영도』 동인으로, 그리고 『원탁시』 동인을 창간하여 활동하면서원초적 공간인 고향을 노래하는 데 집중함으로써 '고향-되기'를 구체화하였다.

그의 문학적 생애 중 가장 활발하고 역동적인 창작활동은 '민속'을 소재로 한 시에 역량을 집중하면서 남도 민속에 녹아있는 정서를 승화시켜나간 것은 정년퇴임 이후다. 그의 '민속'은 토속적이고 한국적인 것의 발견이자, 남도 민속의 아카이브-하기였다. 이것은 남도정신의 아카이브화이기도 하다. 고향인 전남 보성군 노동면민회와 노동초등학교 동창들은 그의 생가터에 시비 '보리타작'을 세워 시적 여정에 힘을 보탠 것은 시인-되기를 통해 지역문화예술의 발전에 힘을 보태고 있는 지금의 문학적 활동에 대한 격려인 셈이다.

손광은은 시인이자 학자이자 교육자, 그리고 지역문화 예술계의 산증인으로 활동영역이 넓다. 다양한 스펙트럼을 가지고 있기 때문에 향후 개별적인 연구가 진행된다면 시인 손광은뿐만 아니라 지역의 문화예술발전을 위해 헌신했던 존재의 의미 등도 규명될 것이다.